JN438642

바흐를 품고

바흐를 품고

송영미 수필집

수필과비평사

작가의 말

기도를 드리려고 촛불을 켰습니다.
오른편 촛대에 꽂은 초가 기우뚱합니다.
이대로 태우다가는 촛농이 촛대 바깥으로 주르르 흘러내릴지도 모릅니다.
바로 세우려 하지만 기울어지기만 하네요.
미세한 촛농이 붙어 있어서 초를 기울게 할지는 몰랐습니다.
송곳으로 깨끗이 긁어냈습니다. 이제야 초를 바로 세울 수 있네요.
글을 쓰면서 촛농처럼 가슴에 쌓인 응어리들을 풀어냈습니다.
누구에게 쿵! 심금이라도 울려 줄 글 한 줄 심어 놓았는지, 척박한 글 밭을 내보이는 게 조심스럽네요.
최선을 다했는지 수없이 나에게 묻고 대답하다 일을 저지릅니다.
후회가 되지 않을지 새 가슴이지만, 제가 그랬듯이, 강요하지 않아도 누가 제 글들에 마음 얹어 줄지도 모른다고 저를 다독입니다.
"소재를 우주까지 연결해라." 열강해 주신 안성수 교수님께 고마운 마음 전합니다.
허술한 문학의 길 건널 때, 손잡아주던 이들을 떠올리면 외롭지 않습니다.

영원히 사라지지 않을 인호印號처럼 가슴에 새겨지는 올가을입니다.
두 자루의 초가 반듯하게 서서 불꽃을 피우고 있네요.
인제 어느 쪽으로도 기울어지지 않고, 무던하게 제 길을 갈 수 있기를 신께 간구합니다.

이 책을, 시심詩心을 간직하고 한 생을 사셨던, 어머니 故문순림(文順林) 여사의 영전에 삼가 바칩니다.

2020년 가을이 깊어가네요.

송영미

■ 축하의 글

실존의 기쁨과 미적 각성의 길

안성수

(문학평론가, 제주대 명예교수,『수필오디세이』발행인)

송영미 작가는 등단한 지 10년이 된 수필가이다. 오직 수필에만 전념하며 살아온 삶이 말해주듯, 그의 글쓰기는 이제 안정된 필법으로 자신만의 세계를 개성 있게 보여주기 시작했다. 십 년 동안 쓴 작품들을 모아 첫 번째 수필집을 상재하는 모습을 지켜보면서 그에게 수필의 길을 인도한 사람으로서 큰 박수를 보낸다.

수필작가는 글을 쓰는 순간에도 자신의 삶을 성찰하면서 성장하는 과정철학적 삶을 산다. 세상의 모든 실재實在는 변화하는 과정에 있다는 철학자 A. N. 화이트헤드의 언급처럼, 수필 쓰기는 자신이 살아온 삶의 여정을 철학적이고 미학적으로 반추하는 과정 속에서 바람직한 삶의 목적과 이상을 향해 나아가게 한다. 그래서 수필을 쓰는 것은 자아를 끊임없이 성장시키고, 과정에 충실한 삶을 살게 하는 매력적인 방법이 된다.

수필가는 글을 쓰면서 비로소 참다운 삶의 진실과 윤리와 아름다움에 눈을 뜬다. 세상에 수필처럼 자신의 실제 삶을 정직하게 고백하면서 철학적으로, 미학적으로, 윤리적으로 성찰하는 진실한 글쓰기는 없다. 자신의 부끄러운 이기심과 세속화된 욕망을 스스럼없이 내어놓고 진실한 감정과 이성과 영성으로 투과시켜 자신의 잃어버린 본성을 되찾아가는 작업이 바로 수필이기 때문이다. 이런 점에서 격조 높은 수필 쓰기는 자아를 조탁하는 종교적 수행을 방불케 한다. 그래서 수필 쓰기는 바람직한 자아실현을 위한 기도요, 진실한 인생을 위한 성찰이며, 자신의 운명에 대한 깨달음의 길이다.

송영미는 누구보다도 수필이라는 장르에 잘 어울리는 작가이다. 이런 특징은 끊임없이 자아를 반추하고 다듬어 나가면서 완벽주의를 지향하는 그의 성격과도 관련이 있다. 글을 쓰면서 감정을 품위 있게 다스리고, 소재를 깊이 있게 읽어내며, 그리고 철학적 의미를 주제로 형상화하려고 애를 쓰는 작법에서도 확인된다. 수필을 쓰며 사는 송영미는 누구보다도 행복한 사람이다. 이제, 그의 눈은 진선미의 깊고 그윽한 심미안으로 바뀌기 시작했고, 그의 삶도 겸손과 여유와 성찰의 미덕으로 채워나가기 시작했다.

수필을 쓰며 사는 인생이 진실로 행복한 것은 글을 쓰면서 잃어버린 자아를 찾아 성숙해가는 실존적 인생을 살기 때문이다. A. 카뮈가 자신의 실존 철학과 실존 미학을 보여주기 위해 『시지프의 신화』를 썼듯이, 수필 속에는 내가 누구이며, 어디를 향해 가고 있는가를 진솔하게 보여준다. 수필 문학의 위대성은 작가 스스로 자신이 누구인가에 대한 깨달음을 통하여 바람직한 존재전환의 길로 인도한다는 데 있다. 수필작가는 자신의 인생관과 세계관을 정직하게 탐구하면서, 자신의 인간관을 완성해 나간다는 점에서 실존적 기쁨과 보람을 찾는다.

송영미에게 삶과 수필은 둘이 아니다. 그는 수필을 쓰면서 터득한 삶의 진실을 새로운 삶의 미덕과 철학으로 실천해 나가고자 노력하는 열혈 작가이다. 그의 이런 수행적 태도가 다른 작가와 구별되는 그만의 미덕이자 작가정신의 요체다. 그의 작품

속에서 발견되는 수필 정신은 다음 몇 가지로 정리할 수 있다.

첫째는 순수에의 동경이다. 그는 수필을 쓰면서 그동안 잊고 살았던 그리운 것들을 동경 의식으로 불러낸다. 수필 「그리운 것들에 대하여」에서 소환하는 외할머니, 집터, 우물, 순비기꽃, 번새 가는 길, 바닷가, 조개 줍던 곳 등은 잃어버린 자아를 찾아가는 행위이다. 그가 글을 통해 불러낸 그리움의 본질은 순수성의 세계이다. 그에게 순수는 회복해야 할 존재의 본성이자 원초적 가치이다.

둘째는 자아를 다스리는 정신이다. 그에게 수필 쓰기는 자아를 일깨우는 최적의 미적 도구이다. 「나를 빚는다」, 「빨래」, 「살면서 단정지을 일이 있는가」, 「화양연화」 등이 그 예이다. 수필을 쓰면서 작가는 자신의 삶을 철학적으로, 미학적으로, 윤리적으로 진솔하게 성찰하면서 보다 바람직한 삶의 진실을 체득하고 각성한다. 수필을 쓰는 일은 자아를 발견하고, 자아를 통찰하며, 자아를 성숙시키는 수행의 한 방법이라는 점에서 그에게 수필 쓰기는 자신의 실존을 연마하는 도구로서의 가치를 지닌다.

셋째는 몰입하여 수필을 쓰는 정신이다. 수필 「청매화」에서의 고백처럼, 공직생활에 물려 20년 만에 사표를 내고 무료함에 빠져 살다가 전환점이 되어준 것이 수필 공부였다. "어쩌다 쿵! 심금을 울려주는 문장 한 줄 번뜩이면 그 희열에 삶을 통째로 맡긴다. 이제 평생 내리지 않을 수필가라는 명함 가슴에 단단히 꿰맨다." 이처럼 인생을 진정으로 행복하게 사는 방법은 자기가 좋아하는 일에 몰입하여 사는 것이란 점에서 수필 쓰기를 평생의 업으로 잡은 그의 선택은 건강하고 매력적이다.

넷째는 수행적 글쓰기의 정신이다. 「나를 빚는다」, 「빨래」, 「청매화」 등에서 발견되는 미덕이다. 수필 쓰기가 아름다운 것은 자신의 길을 심미 철학적으로 반추하면서, 자신을 인간적으로 격조 있게 다스리며 사는 점에 있다. 수필은 자신을 비춰보는 글 부처이다. 그것은 허상을 비춰주는 거울이 아니라, 실상으로서의 자아상이다. 쓰면서 용서를 빌고, 포용하며, 한마음이 되는 깨달음의 길. 그 길 위에서 수필작가는 진실한 삶과 진정한 사랑에 눈을 뜬다.

다섯째는 감성과 이성, 영성을 깨우는 정신이다. 그는 글을 쓰며 세속화된 감정을 씻어내어 청정하게 다스리고, 이성적인 논리와 가치관을 회복하여 예의와 염치, 분수를 복구시킨다. 그리고 「주상절리」와 「청매화」에서 보여주듯 인간이 영적 존재로서 우주의식을 체득하며 살아야 할 존재임을 자각한다. 작가는 위대한 영성으로 우주와의 소통을 시도하고, 인간이 우주적 존재임을 깨닫는다는 점에서 앞으로 그의 작업은 할 일이 많다.

좋은 수필작가는 태어나는 게 아니라, 스스로 만들어가는 법이다. 좋은 수필은 인생에 대한 심오한 철학적 통찰과 깨달음, 그리고 그 깨달음에 이르는 과정과 의미를 미학적으로 체득하고 음미하는 삶 속에서 피어나는 생명의 꽃이다. 그 꽃을 열심히 건강하게 가꾸고 피우면서, 매력적이고 개성 넘치는 글 향기의 주인공이 되길 바란다.

부디, 이 수필집의 출간을 계기로 더 깊고 더 넓은 수필의 바다로 나아가길 빈다. 그리하여 인간과 자연과 우주와의 심오한 소통의 문을 여는 새로운 글쓰기 여행이 시작되기를 축원한다.

■ 차례

제1부 저녁 무렵에

제2부 바흐를 품고

제3부 그리운 것들에 대하여

제4부 화양연화花樣年華

제5부 정情을 마시다

제1부

저녁 무렵에

저녁 무렵에

어스름께 박명이 드리워진 하늘에 걸작이 걸린다. 하늘에 짙은 어둠이 드리울 법도 하건만, 잘 살아냈다는 신의 전언인가 환호 소리 작약하다. 하루의 뒤안길 노을의 행렬은 빈 가슴을 어르고 달래 준다. 이미 심장은 리듬을 타고 노을 가까이 가 닿는다. 훌쩍 여행이라도 떠나고 싶은 마음을 주체할 수 없다. 정신의 허기를 채우고 싶은 허우적거림이다. 어디인들 떠나서 안착하면 그곳이 고향 같은 곳일까. 떠돌이처럼 귀소본능이 부스스 일어난다. 외로움이 밀려오지만 공허함을 주지 않아서 다행이다.

자전거를 타고 학교로 떠났던 아이들이 바퀴를 돌리며 아파트 마당으로 돌아온다. 비어 있던 주차장엔 자동차들이 온종일 고된 육신을 놓아 쉬고 있다. 맞은편 아파트가 부활하는 듯 하나둘 불빛을 밝히기 시작하더니 서서히 불야성을 이룬다. 길 건너 24시 편의점 벤치에는 삼삼오오 일행들이 캔맥주 한잔 기울이며 크게 웃어젖힌다. 표류하던 하루가 정착한 저녁, 오늘의 반이 소멸해 버린 아쉬움을 안고 내일을 향해 건배를 든다. 방전된 배터리를 충전하듯 이 시간의 에너지가 오늘의 애환을 보듬어 준다. 모두 웃는 시간은 아니었을 터이지만, 혼신을 다한 하루였을 것이다. 그럼에도 불구하고 저물녘은 생기가 돈다.

내 인생도 저녁 무렵인가. 이순耳順이다. 직역하면 귀가 순해졌다는 뜻, 어떤 말을 들어도 객관적으로 이해가 된다는 공자의 「논어」 위정편에 쓰여있는 예순 살. 내 삶이 순하다는 말과는 거리가 먼 건 아닌지, 뾰족한 가시 끝이 조금이나마 마모되고 있는지 반신반의다.

어느새 육십 년을 살아 버렸으니 한순간이다. 돌아보면 허방만 짚던 시간이었다. 내비게이션에도 뜨지 않을 첩첩 오지 같은 길을 애써 걸어왔으니 인제 쉬고 싶다.

누가 가지치기라도 할라치면 아집이 너무 커서 다가올 수나 있었던가. 전정되지 않은 과실수처럼 빈 가지만 무성하다. 쓰레기 더미 같은 아집을 와르르 무너뜨리는 도정 의식을 묵언이 치러야만 한다. 신께 맡긴다. 절대자에게 나약함을 통째로 봉헌하고 그 이끌어 주심으로 순리에 따라 살아 볼 도리밖에 더는 어쩌지 못한다.

서서히 육신이 소멸하는 게 두렵기까지 하다. 보청기를 끼지 않고 살기를 바라며 귀를 비벼 주는 일, 서서히 마모되어 가는 무릎관절을 위하여 부지런히 걷는 일, 맛있는 음식 먹는 낙樂이 전부인 노후를 대비해 잇몸 관리를 하는 일에 촉각을 곤두세우는 게 자연스러워진다.

욕망을 내려놓아 마음을 정비하면 육신이 생성되는 반전이 올 터인즉, 다짐하건만 한순간에 무너지고 마는 일이 다반사이다. 시나브로 소멸하여 가는 생 앞에 두려움을 해독할 방편은 사람들과 동행하는 일이다. 마크 트웨인은 "사람이 사람을 헤아릴 수 있는 것은 눈도 아니고, 지성도 아니거니와 오직 마음뿐이다."라고 일렀거늘. 사람의 마음을 얻는 일, 내 마음을 다스리기엔 아직도 아집에서 벗어나지 못하여 더 수행해야만 하는 어설픈 행각이다. 마음이라도 먼저 열어야지, 말이라도 먼저 붙여야지 이 쉬운 일도 못 하고 있으니.

단숨에 허물기는 어렵더라도 정을 대고 돌을 깎아 내듯 내려놓는 삶을 살아 보기로 한다. 『도덕경』 제19장에 이르는 소박성회복, 소素는 아직 염색되지 않는 흰 실, 박樸은 가공되지 않은 통나무를 가리키는 말이다. 본래 그대로의 순수를 간직하고 아집을 버리고 욕심을 줄이는 일, 소박을 마음에 초대한다. 무늬만 화려한 겉치레가 부끄러워 이제 민낯의 나로 대낮을 견디려 한다.

어둠이 세상을 잠식한다. 하늘은 서두르지 않고 잿빛을 받아들여 또 다른 작품을 연출한다. 경이로운 광경이다. 박명은 소멸하는 게 아니고 저편에서 익어 갈 것이다. 새벽이 오기 전이 가장 어둡다고 하지 않는가. 세상도 내 인생도 서서히 저물어가건만 생성을 향한 도약이다. 원곡보다 편곡한 음률이 더 아름답거늘.

나를 빚는다

태양이 이글이글 끓어 비등점을 가늠할 수 없을 정도다. 더위의 기세가 약화되길 바라는 것보다 피하는 게 상책이다.

L 호텔로 피서 간다. 먼 곳에서 떠나온 투숙객처럼 한쪽에 놓여 있는 소파에 앉아서 여름 나기를 한다. 아무도 방해하거나 알아보지도 못하니 체면이 손상될 일도 없이 자유롭다. 커피숍에서 음료 한 잔 마시는 것도 아끼면서 여흥을 즐길 수 있다. 마침 로비 한쪽에서는 피아노 3중주의 연주가 비바체의 선율로 흐르고 있어 분위기가 고급스럽다. 덩달아 나 또한 꽤 수준 있

어 보인다. 탁월한 선택이 아닌가. 이런 천국이 또 있을까.

눈요기하러 면세 코너로 간다. 꼭 살 것만 같은 분위기로 명품들을 훑어본다. 로또복권이라도 하나 당첨되면 사야지, 허황한 생각도 하면서 즐긴다. 수많은 고객을 상대하는 점원은 아무리 살 것 같은 분위기로 위장을 해도 꿰뚫어 보는 혜안이 생겼나 보다. 사지도 않으면서 이것저것 물어보니 귀찮을 만도 하다. 명품 가방에 시선이 꽂혀 있는 나를 뚫어지게 쳐다보더니 메모지를 넘긴다.

"어느 면세점을 가든지 이걸 달라고 하세요."

가방의 모델 넘버가 적힌 쪽지를 건넨다. 더 말을 시키지 말아 달라는 제스처다. 메모지를 지갑 안쪽 깊숙이 꾹 집어넣는다. 명품이 눈에 밟혀, 쇼윈도에서 도도하게 광을 발하는 가방 앞에 고개를 숙이고 눈도장을 단단히 찍는다. 아무리 털어내려 해도 그 명품 가방이 어른거리며 똬리를 틀고 있다.

혹자는 명품을 자자손손 쓸 수 있는 명작이라고 예찬하고, 누구는 부르주아들이나 소장하는 화려한 간판에 불과하다고 혹평하기도 한다. 명품을 살 능력이 되는가. 저 명품이 내 손에 들어오기엔 요원한 길이건만, 삶의 어느 부분에 허기가 있나 보다. 명품을 들고 시대의 아류에 편승하고 싶다는 강한 욕구가 칭칭 감고 있다.

드디어 외국으로 여행을 떠나게 된다. 끝내 욕망을 조절하지 못하고 뇌리에 걸려있는 명품 가방이 떠올라 서둘러 면세점으로 간다. 지갑 깊숙이 모셔놓은 넘버가 적힌 쪽지를 직원에게 살포시 건네고 기다리는데, 알 수 없는 용어를 말하며 묻는다. 도무지 무슨 내용인지 잘 모르겠다. 예기치 않은 일이 벌어졌다. 짐작건대 그 가방에도 여러 부류가 있는지, 어떠한 것을 원하는지 묻는 것 같다. 주춤거리는데 눈치 빠른 직원이 얼른 가방을 들고 나온다. 더는 나에게 아무런 답을 원하지 않는 직원이 고맙다.

앞에 놓인 가방을 보면서 품위 있게 위선을 해보지만 이미 들켜 버린 수준을 무마하느라 안절부절못한다. 달랑 점원에게서 받은 넘버만을 믿고 사전지식 전혀 없이 명품을 사겠다고 달려들었으니, 신분 상승을 하려고 위장을 해보지만 내 품격은 어설프기만 하다. 명품 가방마다 디자인이며 재질이 갖가지이고, 시중에는 비슷한 듯 다른 가짜 명품들이 판을 치는데 덥석 비싼 명품을 사 보려고 달려든 무지몽매함이라니.

명품을 든다고 내가 명품이 되겠는가. 저 가방을 거저 준다 해도 사양해야만 되는 것을, 저급한 내 영혼이 부끄럽다. 마음에 들지 않아서 다음에 오겠다고 어물쩍 넘기고 얼른 돌아선다. 반듯하게 걷던 걸음걸이가 뒤뚱거려 빠져나오는 데 천릿길인 듯하다.

경기도 이천 도예촌을 간다. 도자기 명장들이 빚어 놓은 백자의 귀골스런 자태에 눈이 혹한다. 빛깔의 순결함과 황금률의 곡선이 신의 선물이다. 할 말을 잃어 한참을 눈으로만 느끼고 침묵한다. 한쪽 가마터를 조심스레 음미하는데 사금파리 무더기가 불쑥 눈에 들어온다. 잠시 걸음을 멈추었다. 걸작이 나타나기를 기대하면서 한 점 한 점 꺼내 들고 예리한 판단으로 망치를 쳐내렸을 순간, 그 파열음이 들리는 듯 온몸이 오싹해 온다.

산산이 부서진 졸작 앞에 나도 조각이 된다. 저 무더기만큼이나 부서져야 할까. 얼마나 더 기다려야 될까.

백자 한 점 비단으로 두르고 나무상자에 고이고이 모시고 집으로 가져가고 싶다.

청매화

분재가 이사를 왔다. 옥골玉骨이라 하더니 고목 둥치를 뚫고 사방으로 골격을 뽑아냈다. 결코 떨어질 수 없는 분신인 양 알알이 꽃망울이 가지에 달싹 붙어있다. 낯선 곳에 무던하게 적응할지 사뭇 걱정된다.

친구네 집을 방문할 땐 저절로 마당에 시선이 꽂힌다. 그동안 빈자리였는데 처음 보는 분재가 자리해 있다. 첫눈에 반한다. 프로필이 궁금해졌다. 친구에게 슬쩍 물어봤더니 오일장에서 삼만 원을 주고 사 왔단다. 단박에 삼만 원을 주머니에 디밀어 주고 차에 후딱 싣고 데려왔다. 생전 처음 보는 청매화 분재의 기품에 반하지 않을 수 없었다.

잠을 설친 객처럼 뒤척이다 푸석거리지는 않았을까. 기우였다. 집에 온 지 이틀 만에 드디어 한 송이가 운을 뗀다. 흰색의 다섯 잎이 초록빛 받침을 디디고 반듯하니 외유내강하다. 무탈한 게 대견하여 눈으로 어루만진다.

다음 날 새벽녘, 한 송이만 외롭지 않을지 꽃의 안부가 궁금하다. 커튼을 젖히다 말고 눈길을 돌리는데 꽃망울 서너 개만 남기고 밤사이 일제히 불을 밝혀 놓았다.

누가 보낸 친전親展인가. 몸소 열어 보라는 서신에 떨리듯 개봉하니, 나를 축복하는 순백의 고귀함이 다소곳하다. 오염된 마음 청정만을 품으라 한다. 아직도 버리지 못한 허욕마저도 허물어지지 않을 수 없다. 정성으로 무릎 꿇은 소복素服이 정갈하다. 내 가는 길 어둡고 암담하니 그대의 순결로 밝혀 준다는 염원인가.

바싹 코를 갖다 대고 향기를 맡는다. 진한 향기로 사람을 홀리는 천박함이 아니다. 쉽게 마음을 열지 않는 도도함이 가볍지 않다. 매화의 향기는 암향暗香이라 표현한다. 기품을 겸비한 그윽한 향기다. 과유불급過猶不及일지 더 애정하고 싶지만, 적당한

거리를 두고 바라보는 연인처럼 애를 쓴다.

우리 조상들은 꽃향기를 맡는 것을 후향嗅香이라 하지 않고 문향聞香이라 표현하였다. 꽃향기는 코로 맡는 게 아니고 귀로 듣는다고 한 것이다. 매화의 향기가 멀리까지 풍기는 것을 문향천리聞香千里라고도 표현하였다. 은은하게 퍼지는 암향이, 매화가 시야에서 벗어난 안방까지 풍기는 듯하니 문향천리가 과장이 아닌 듯하다. 꽃향기를 즐기는 옛 선비들의 풍류가 멋있다. 매화가 흐드러지면 벗을 불러 술 잔치를 베풀었다는데 이것을 문향주연聞香酒宴이라 했다. 술을 즐기는 것은 취향이 아니니, 벗들 불러모아 다연茶宴이라도 베풀거나.

어찌된 일일까. 내 관심에 화답하느라 꽃을 피워놓더니 구김살이 지고 시선을 거두었다. 송충이도 솔잎을 먹어야 하거늘. 사람이 저 좋다고 아파트에 고이 모셔 놓은 게 화근이다. 서둘러 갈증 난 꽃에 수분을 공급하건만 소생할 수 있을지 나 역시 시름거린다.

땅은 얼어붙고 식물의 생장이 멈춰버린 겨울에 피어나는 꽃이 매화다. 눈보라를 뚫고 꽃을 밀어 올리느라 그 몸부림이 오죽할까. 아직 봄은 기별도 없건만 냉랭한 땅에 당당히 피어난다. 매화는 엄동설한에 추위를 견디며 꽃을 피울 때 살 만할 터이다. 매화가 뿌리 내릴 터는 혹한의 겨울이니, 따뜻한 아파트는 매화의 고고한 성정으로서는 오래 있을 자리가 아니었다. 인간 세상사의 번잡이나 어디에 갇히는 구속은 거부한다고 고개를 떨구었다.

오래 보고 싶었는데 이대로 꽃을 보내기엔 미련이 남는다. 생생한 꽃 몇 송이만 남기고 꽃을 딴다. 어차피 예정된 소멸이므로 꽃을 떼어내는 걸 아파하지 않으련다. 정성스러운 손길로 밀폐 용기에 꽃송이들을 담아 냉동실로 고이 모셔 놓는다. 이 향기, 이 자태 그대로 다시 꽃 피울 그 날까지 찻잔에서 만나게 되리라.

공직 생활을 하다 덥석 사표를 던지고 쥐꼬리만 한 연금에 생을 걸었다. 매일 반복되는 기계적인 움직임이 싫었다. 평생 창의적이지 않은 일에 구속되는 건 나를 질리게 했다. 밥 세끼 먹는 데 지장이 없겠다는 결론을 내리고 무법자처럼 일을 저지르고 말았다. 용기는 가상했지만, 20여 년을 일정한 패턴으로 생활해 오다 하루아침에 내 마음대로 쓰라고 주어진 시간이 널널하니 조절이 안 되었다. 바쁘다며 촌각을 다투던 일상이 차라리 알차게 보냈지 싶다. 떠돌이가 되어 유람하는 것도 한계가 있었다. 한가함이 나의 적敵이었다. 안일해지고 게으름과 벗하게 되니 겨울의 혹한 같은 긴장이 필요하였다.

그때 터닝을 할 수 있었던 게 수필 공부였다. 문학소녀였기에 유일하게 내가 할 수 있을 것만 같았고, 꼭 하고 싶다는 의욕을 불러내었다. 어디로 갈 것인지 마음 둘 곳을 드디어 찾았다. 일주일에 한 번은 설레며 나갈 수 있었으니 이보다 더 좋을 수 없었다. 교수님의 말씀, "소재를 우주까지 연결해라." 콕 박힌 화두를 붙잡고 어떤 소재를 바라보든 예사롭지 않은 눈빛으로 집중하려 한다. 어쩌다 쿵! 심금을 울려주는 문장 한 줄 번뜩이면 그 희열에 삶을 통째로 맡긴다. 이제 평생 내리지 않을 수필가라는 명함 가슴에 단단히 꿰맨다.

친구네 마당으로 되돌아간 청매화가 꽃 진 자리에 열매를 영글었다. 내 글 밭은 언제쯤 여물어질까.

춤에 대한 단상

피아졸라의 탱고를 듣습니다. 오늘은 요요마의 첼로 연주로 선택하였습니다. 삶의 갈망을 열정적으로 솟구쳐 내고 있습니다. 탱고의 스텝에 깔린 비애처럼 첼로의 저음은 애잔합니다. 부에노스아이레스 항구의 애환을 풀어내던 춤이 탱고입니다. 영화 「여인의 향기」에 나오는 알파치노처럼 탱고를 추고 싶은 욕구도 생기지만, 몸치인 나는 그저 리듬을 따라갈 뿐 격정적인 건 마음이지요.

시력을 잃어버리고 절망적인 현실에서 자살까지 생각한 퇴역장교인 알파치노. 그가 처음 만난 여자와 탱고를 추는 장면은 잊을 수가 없습니다. 플로어를 미끄러지듯 돌면서 끊어질 듯하다가 이어집니다. 마치 잔잔한 호수 위로 파문이 번지는 것처럼 보입니다. 내 마음에도 파문이 일었지요.

알파치노는 "탱고에는 실수라는 것은 없어요. 실수로 스텝이 엉겨도 그냥 계속 탱고를 추면 돼요. 인생과 달리 단순하죠."라는 명대사를 남겼습니다. 밀어주고 당겨주는 탱고로 인해 그 터수에서 삶은 회복됩니다.

굴곡이 많은 것이 인생입니다. 오르막, 내리막의 인생길이야말로 스텝을 잘 밟아야 무난히 도달하겠지요. 절망이 찾아와서 도저히 일어설 수 없을 때 탱고처럼 손을 잡고 끌어 주는 누군가를 만난다면 얼마나 좋을까요.

햇살이 내려앉아 느슨히 휴식을 취하는 날, 더 가까이에서 가을을 만나려고 오름을 오릅니다. 억새는 로맨스그레이처럼 은빛으로 가을을 받아들이고 있습니다. 바람에 몸을 맡겨 억새가 휘청거리지만, 결코 쓰러지지는 않네요. 바람과 혼연일체가 되어 리듬을 타는 억새가 너울너울 춤을 추는 듯합니다. 바람이 거세어질수록 저 자유로운 억새의 춤사위, 외유내강의 억새를 마음에 담습니다.

뾰족하게 날 세워 예제 부딪치며 자신을 내세웠던 일들이 떠오릅니다. 결코, 내려놓을 수 없었던 노도 같던 시절의 치기. 누가 마음 한 자락 넉넉하게 내어주고 따뜻한 손 내밀어 주었으면 하고, 바라기만 하였지요. 많은 날들을 허덕댔습니다. 또 쓰러지기도 하였지요. 견고한 틀에 갇힌 나날, 억새처럼 나를 풀어헤치고 춤을 추고 싶습니다. 마음마저 열어서 유연하게요.

어느 합창단에서 노래를 부를 때 춤을 출 일이 있었습니다. 피할 수 없는 춤과의 악연이지요. 아무리 팔과 다리를 따로 움직이려 해도 한 방향으로만 가고, 오른쪽으로 돌아야 하는데 왼쪽으로 돌아버리는 나에게 후배가 그랬지요.

"언니처럼 뻣뻣한 사람 처음 봐요."

최선을 다했는데 구제 불능 몸치라고 그때 판결이 내려졌습니다. 마음은 요즈음 인기 있는 아이돌인데 몸은 노인이었나 봅니다. 그 후로는 춤이라면 저절로 뻣뻣해지는 관절로 인해서 마음조차 오그라듭니다.

내 주변에는 라인댄스도 추러 다니고, 에어로빅도 배우는 이들도 있습니다. S 라인을 만들 청춘은 아니지만, 건강을 위해서 몸을 유연하게 해주는 스트레칭이라도 할 겸 춤을 떠올립니다.

이 나이에 굳어버린 근육이 얼마나 뻣뻣할지 걱정이 앞섭니다. 의학적으로는 댄스 테라피라고 해서 우울증, 자폐증, 대인기피증을 치료하는 데 춤을 활용하기도 하고요. 우리 조상들은 춤을 통해서 한을 풀어내기도 하였지요.

온몸의 근육과 팔다리로 표현되는 춤사위는 온전히 몰입할 때 자신을 표현하는 최상의 작업이지요. 어느 안무가의 말처럼 마음을 좇아 자유로움을 펼쳐 내는 것이 춤이겠지요. 춤을 통하여 삶을 풀어낼 수 있다면 영혼의 치유까지 이뤄질 겁니다. 둘이서 추는 춤은 상대와의 소통으로 훈훈할 거라고 생각합니다. 따뜻한 교감은 더 높은 차원의 영혼으로 이끌겠지요. 사랑이 깔린 몸의 대화가 어떤 예술보다 위대할 겁니다.

오름을 내려와서 길 따라 무념무상으로 걷습니다. 바람결이 가슴에 넘나들다 휭하니 떠납니다. 흔들리는 마음을 추스르려 하지만 외로운 건 어쩔 수 없습니다. 훌쩍 어디론가 떠나고 싶은 생각이 드네요. 가을을 타나 봅니다. 가을엔 계절성 우울증도 생긴다는데 이럴 때 혼신을 다하여 춤에 빠져 볼까요.

주상절리 株狀節理

그때 감탄의 말이 뇌리를 떠나지 않았다. 꼭 가봐야지, 한 게 언제인데 천릿길도 아니건만 인제야 왔는가. 미국에서 살다 온 성당 신자가 이곳의 절경은 미국에서도 찾을 수 없이 빼어나다고 한마디를 툭 던져 놓았다. 어떻게 좋은데요? 되묻지도 않고 내 눈으로 직접 보려 작정한 게 하세월이다.

입구에 우두커니 서 있는 안내판에 잠시 눈길을 실었다. 서귀포시 중문동과 대포동의 해안선을 따라 약 2.0km에 걸쳐 형성된 주상절리대다. 우뚝우뚝 솟은 돌기둥들은 최고 25m에 달하기도 한다. 천연기념물 제433호로 지정되어 있다고 한다.

봄이 왔다지만 아직 속내를 풀어놓지 않으려는 낯선 사람처럼 냉랭하다. 제주의 바닷바람이 어디 만만한가. 옷깃을 여미려니 손끝이 시리다. 절벽 위 나무 데크를 따라 걸어가는 발걸음이 오싹하다. 공중에 떠 있는 출렁다리를 건너는 것처럼 나만 떨고 있고, 펜스를 꼭 붙잡는데 주변은 웃음소리로 들썩인다.

시야를 떨구니 다각형의 절리節理들이 납작하게 붙어 있다. 다각형으로 갈라진 형태가 거북이의 등 모양과 비슷해 거북 등 절리라고도 한다. 다닥다닥 절리를 짊어지고 평생을 엎드려 견딘다는 건 그 무게가 얼마나 버거울까. 바라보는 마음도 금이 간다.

900도의 고온에서 용암이 꿈틀대다 급격히 냉각되는 과정에서 생겨난 '틈'이라고 한다. 서서히 열정이 식어 간다면 상처마저도 점차 아물어 간극은 메워질지도 모르는데 무엇이 그리 급했을까.

기암괴석들과 어울려 새카맣게 탄 아름드리 목재들을 차곡차곡 쌓아 놓은 것처럼 바위들이 우뚝우뚝 서 있다. 영원을 편히 눕지도 못하고 서 있어야만 하는 고행에 가슴이 아릿해지는 건 기우일까.

미국에서도 찾기 힘든 절경이라기엔 아무리 생각의 차이는 있다지만 실망이라는 결론을 내리며 오른편으로 발길을 돌려 몇 걸음 옮겼다. 그 순간, 눈이 번쩍 뜨였다. 지금까지는 서막에 불과했다. 섣부른 판단으로 낭패를 당하기도 했는데 역시 오늘도 성급했다.

"아!" 한마디 탄성이 터지고 입은 더 열리지 않는다. 저 카리스마에 주눅이 드는 건 위대한 신의 걸작에 경의를 표함이다. 바위들의 행렬은 물위에 세워진 수중도시를 연상한다. 네온사인이 현란한 도시는 아니지만, 장엄한 무채색의 소도시는 파도가 몰아쳐도 묵묵하다.

저 바위들은 경전을 쓰고 있다. 인생을 순례하는 인간들이 한 호흡 쉬어가는 여정에 각자에게 신의 메시지를 전달하는가. 더 높아지려는 사심이나 서로를 견제하는 대립도 없이 신이 부여한 형상대로 절경을 이루고 있다. 바위들은 인간들이 수없이 쏟아내는 찬사에도 그저 침묵일 뿐, 퍼붓는 비바람에도 끄떡도 하지 않을 뚝심으로 서 있다.

파도가 부딪쳐 높이 치솟는 건 분노도 성냄도 아닐 것임을, 저 바위들의 묵언 수행을 감히 흔들 수나 있으려나. 해가 기울어지면 저들도 외로울까, 잠깐 심정을 헤아려 본다. 바위들은 적막하다 하지 않고 흐르는 세월을 의연하게 관조하리라 짐작해 본다. 신성한 이곳은 영원불멸할 피난처이다.

바위들을 바라보노라니, 몇 해 전 그리스 성지 순례 중 만났던 메갈로 메테오라 수도원 수도사들의 삶이 떠오른다. 손을 뻗으면 하늘과 맞닿을 듯한 바위 꼭대기에 그리스 정교회가 박해를 피해 지은 수도원이 있다. 거대 바윗덩어리 위에 자연과 인간이 만들어낸 공중도시, 천상의 세계가 세워져 있었다. 수도원에서 밑을 내려다보는데 고통 속의 세상으로 내려가지 않으면 안 될까. 잠시 흔들리는 마음 때문인지 현기증으로 아찔하였다.

수도사들은 천상 세계에 더 가까이 다가가려 은둔처에서 신과 교통하는 삶을 산다. 세상과의 단절이라고 결론 내리는 건 외양으로 바라본 속된 생각이었다. 더 큰 세계로 나아감이고 세상과 더불어 존재하는 영원을 향한 길이다.

그곳에서 평생을 살다 돌아가신 수도사들의 주검은 묻힐 공간조차 모자랐다. 매장되어 2년이 지나면 유골을 거두어, 해골만을 즐비하게 전시해 놓아 순례객들과 교감하고 있었다. 해골들을 보는 순간 섬뜩했지만, 신성한 삶을 살다간 수도사들의 육신을 바라보는 것만으로도 은총이라는 생각에 이르렀다. 마음을 가다듬고 애써 바라보는데 그 해골들은 웃고 있는 듯하였다. 이 세상이 끝이 아니니 천상의 삶을 기약하며 선을 행하라 한다. 수도사들의 육신은 영원히 그곳에서 순례자들의 가슴에 화두를 던지고 있었다. 영원불멸하다.

주상절리대 위에 부서지는 햇살 때문일까. 저 바위들도 웃고 있다. 피안彼岸의 세상은 그리 먼 곳에 있지 않았다. 돌아가지만 머지않아 다시 올 것이다.

숲, 근원을 만나다

차를 몰고 얼마쯤 갔을까. 길치인 나는 늘 헤매다가 겨우 목적지를 찾아가는 것이 다반사이다. 어떤 날은 음악에 취해 깜빡 지나쳤다 다시 돌아온다. 그래도 목적지를 한 번도 찾아가지 못한 일은 없었으니 다행이다.

숲길에 들어서니 하늘로 뻗은 편백들이 빽빽하게 자신의 영역을 지키고 있다. 이곳에 터를 잡은 뒤 하늘을 향하여 버티고 서 있던 세월이 아득하다. 풍파를 견딘 나무들은 심지가 굳어서인지 나무에서 뿜어내는 피톤치드의 향이 강렬하다. 연륜이 오래된 고목에서는 향이 더 짙게 나온다고 한다. 혹독한 삶을 견디었으니 해탈하였다는 증표인가. 나무의 표피에 코를 대고 어제 만났던 것처럼 마음을 연다.

나무들 사이로 비치는 한 줄기 햇살에 복잡한 마음이 들킨 듯 움찔하다. 사람과 사람 사이의 간격을 생각해보다 평행의 끝 소실점에 마음을 얹는다. 삶의 팽팽한 줄다리기는 흡사 전투적일 때도 있다. 너도 옳다고 끄덕여 주면서 왜? 많이 들어주지 못했을까. 나무들은 서로를 존중하는 듯 가지 하나도 서로 얽히지 않고 제자리를 지킨다. 나무들이 스승이다.

한참을 걷다 큰 나뭇등걸에 기대니 편안하다. 누구의 간섭도 받지 않으니 타협하느라 저울질하던 마음이 수평이다. 나무를 품어 본다. 한아름 안겨 오는 나무는 땅속 깊이 뿌리를 내려 한 치의 흔들림도 없다. 어머니 품에 안겼을 때도 그 온기는 어떠한 두려움도 녹여 버렸다.

심장병약을 달고 사시던 어머니. 오랜 세월 고통을 삭이며 살았으니 어머니의 가슴엔 옹이가 박였을 테다. 헤쳐나가야 할 현실이 절망이었을 텐데 먹먹한 가슴을 풀어낼 길이 없어 병이 깊어졌다. 어머니의 세월에 한기가 느껴진다. 인제야 그 마음을 헤아리고 나서 가슴을 친다.

나무의 몸체에서 드문드문 상처를 발견한다. 비에 젖고 바람에 꺾인 나뭇가지의 남은 부분이 나무속으로 파고들어 생긴 옹이다. 상처를 견디느라 그 아픔은 오죽하였을지 측은지심으로 바라본다. 옹이를 살며시 쓰다듬어 본다. 진이 다 빠져 바싹 말라버린 어머니의 가슴팍을 쓰다듬듯이. 좋은 날보다 궂은날이 많았던 어머니의 삶이었다. 한 생애를 견디는 일은 고행의 나날이었을 텐데, 움푹 팬 옹이 자국처럼 무너진 가슴을 부여안고 어찌 살았을까.

딸과 어머니의 관계는 같은 여자로서 걸어가는 길이 다르지 않다. 어머니는 당신보다 더 나은 삶을 딸이 살아주기를 바라며 집착하였다. 사랑인 줄 알면서도 내가 살고 싶은 대로 살겠다고 주장하였던 애증의 세월이 이제는 아픔으로 다가온다. 새들처럼 수다를 떨고 싶은데 어머니는 이제 그 자리에 안 계신다. 못다 한 불효가 불쑥불쑥 튀어나와 가슴을 저민다. 다 괜찮아질 거라고 위로의 말씀도 못 해 드린 무정함이 죄스럽기만 하다. 지난일들이 떠오를 때마다 잊으려 고개를 절레절레 흔든다. 하염없는 눈물이 마를 날이 있을까.

보온병에 담아온 커피를 컵에 따라 한 모금 넘기는데 코끝에 닿는 향기는 뒷전이고 숲이 꾸며놓은 인테리어에 시선을 빼앗기고 만다. 숲은 형용하기 어려운 합일의 세계로 이끈다. 나무줄기 사이로 햇살이 비치고, 바람 속에서도 햇살이 공존한다. 보고 싶은 것으로만 채워져 시야를 충족시키고, 노화되는 뇌관을 깨우며, 기쁨으로 충천하는 기운을 준다. 분주하던 일상으로부터의 해방과 자유를 주는 숲의 테라피가 은밀하게 이루어진다.

숲이 주는 에너지는 단단한 삶의 근원이 된다. 상처 속에서 도피하고 싶었던 기억들이 스러지고 그 자리에 살아갈 날들을 축복해 준다. 어김없이 또 숲으로 올 것이다. 해가 기우는지 새들도 어미를 찾아 둥지로 날아가고 산수국의 순결한 빛깔은 숲에 기운을 더한다. 숲은 외로울 사이도 없이 떠난 새들이 다시 우르르 몰려와 빈 가지를 채울 것이고, 나무들은 하늘을 향해 키와 품을 키우면서 무수한 손님들을 맞이하고 떠나보낼 것이다.

숲이 더 깊어질 때쯤, 나는 어디를 향해 가고 있을까.

상추 예찬

해 질 무렵 소일하는 노부부의 일상은 밀레의 「만종」을 떠오르게 한다. 노부부는 텃밭의 고랑에 발을 담근 날이 허다하다. 흙이 짓이겨진 장화를 매일 신어도 늦둥이를 키우는 심경인가, 삼매경이다.

노부부가 정성으로 가꾸는 텃밭이라 역시 실하다. 상추며 쪽파, 배추, 무가 금을 긋고 자신의 영역에서 줄을 지어 있다. 경계가 있어 무심한 듯하지만, 초록은 동색이다. 어느 집 화단이 이리 단정할까.

가슴은 콩닥거리고 손은 바삐 움직인다. 미인대회 출전한 미인들처럼 진 · 선 · 미를 가려낸다. 한 움큼 뜯어내고 서둘러 텃밭을 나오는데 여전히 가슴은 뛴다. 상추를 뜯어다 먹으라고 허락을 해줬는데도 텃밭에 자주 들어간다는 것이 미안스럽기만 하다. 가슴이 뛴다는 것의 의미를 비약하면, 싱싱하고 실한 것을 공짜로 얻어오는 재미가 쏠쏠한 두근거림이다. 생계를 위한 사업으로 재배한 상품이라면 감히 범접할 수 있겠는가.

상추는 텃밭이라면 어느 곳이든 고향이나 매한가지다. 반갑고 친근하기로는 이모나 외삼촌 못지않은 채소다. 마트에서도 살까 말까 망설이지도, 기웃거리지도 않고 단돈 천 원이면 충분하다. 상추와 깻잎, 치커리나 여러 가지 채소를 올려놓고 쌈을 먹어도 그 이름은 상추쌈이다. 채소의 주연급이다. 가끔 햄버거에 끼어있는 상추를 볼 때면 신분 상승한 자태에 귀티가 난다. 한 소쿠리면 식탁을 금세 풍성하게 꾸며주는 것이 상추의 보편적인 미덕이다.

세팅 파마머리 같은 상추 한 잎에 삼겹살 한 점과 풋고추 한 조각, 된장을 얹어 볼이 미어지게 먹는 상추쌈. 복을 싸 먹는다고 하여 복 쌈이라고도 한다. 한국 사람이라면 누가 이 맛을 마다하리오. 세상 시름 다 잊어버리는 최면제 같은 이 맛에 취해

중독되어도 부작용이 없으리라.

올려놓은 음식을 상춧잎으로 유연하게 감싼다. 부드러운 몸짓이 어떠한 것도 거부하지 않고 넉넉하게 수용한다. 반으로 쪽 찢어도 주저하지 않고 몸체의 분리를 허락한다. 이 한 몸 아낌없이 던지는 대가 없는 헌신이 입안에서 거침없이 부서진다.

자존심이 무너지는 일 앞에서는 바늘구멍 하나라도 들어갈 틈을 허락하지 않는다. 너그럽게 수용한다고 손해는 없을 터. 타협할 줄 모르는 나의 어리석음을 나무란다. 흐트러질까 봐 긴장되면서 빳빳해질 땐 수양이 덜 된 걸 어찌하랴. 한결같은 상추의 유연함에 감히 어찌 대적할까.

고려 시대 여인들이 중국 원나라에 궁녀로 끌려간 역사의 흔적이 편치 않다. 모국의 상추씨를 심어 상추쌈을 먹은 게 슬픔을 달래는 방편이었다니, 낯선 토양에서 무던하게 적응해 준 상추가 얼마나 고마운가. 해외여행을 떠날 때 고추장을 볶아서 가는 지금의 현실은 그 시대 여인들의 한과 슬픔에 비하면 사치는 아닐는지.

몽골 사람들은 고려의 상추 맛에 반해 비싼 값을 치르고 상추씨를 구매했다고 한다. 상추의 별칭으로 천만채天萬菜라 부른

게 당연하다. 이름만으로도 그 맛을 짐작하고도 남는다.

몇 년 전 불면증이라는 불청객에 포위당해 시달렸다. 불면의 고통은 철없는 오만을 내려놓고 지난 삶을 돌아보라는 신의 길들임이었다. 불면으로 뒤척이는 고통 속에서 깨우침은 삶의 묘약이 되었으니 결국 감사할 일이다.

상추를 뜯어내면 분비되는 끈적한 우윳빛 즙액은 불면증에 특효인 락투카리움 성분이다. 산모에게서 흘러나오는 초유에 비견할까. 한 방울도 버리지 않으려 착유하는 심정으로 다루었다. 온갖 민간요법을 동원하여 불면증에서 벗어나 보려 애쓰는 동안, 그때 상추를 만났으니 은인인 셈이다. 비상약처럼 우리집 냉장고에 상주한다.

텃밭에 노부부가 변함없이 시야에 찍힌다. 고맙다는 말을 건네는 것도 빈말 같아 계면쩍게 미소만 짓는다. 이심전심이겠지, 얼른 상추를 뜯어 한 손 가득 쥐여 준다.

손에 잡히는 여린 것들이 냉큼 제 몸을 쓰러뜨리는 게 가상타 했거늘. 다음 생에는 조금 질기고 센 거로 환생하라고 동정을 보낸다.

옥돔

옥돔은 찬사받을 만하다. 팔방미인으로 태어났으니 더 바랄 게 무엇 있으랴. 옥돔은 머리 부분에 튀어나온 이마가 옥玉을 닮았다고 해서 붙여진 이름이다. 날씬한 몸매에 반짝거리는 비늘로 덮인 몸체와 등 부분의 화려한 선홍색이 부티가 난다. 꼬리와 등에 새겨진 노란띠로 세련미까지 풍긴다. 배 부분의 은 빛깔은 예복처럼 품위가 있다. 귀한 자리에는 빠지지 않고 초대받으니 그중에서도 단연 돋보인다. 미인박명이라더니 명이 짧은 게 흠이다. 뭍으로 올라오면 무던하게 적응하지 못하고 금방 숨을 거두고 만다.

제주도가 주산지인 옥돔의 이름은 생선, 오토미, 솔라니, 솔래기라고 다양하게 부른다. 내 고향 표선에서는 솔래기라고 불러서 다른 이름은 익숙지 않다. 바닷물고기를 총칭하여 생선이라고 부르는 육지와는 다르게 제주도에서는 유일하게 옥돔에게만 생선이라는 이름을 부여했다. 물고기 중에 으뜸이어서 붙인 이름이다.

어부들은 주낙을 싣고 바다로 나가 기운 센 겨울 하늬바람과 맞닥뜨린다. 옥돔은 겨울이 제철이다. 서슬 퍼런 물살을 가르고 매서운 추위를 견디며 낚아 올린다. 여린 듯 날개 같은 지느러미를 달고 있는 옥돔이 봄 물결을 가르며 유영하면 어떨지 안쓰럽다. 겨울 바다를 어떻게 견딜까. 이 풍진세상이 버겁기만 한 내 삶처럼 동병상련同病相憐이다.

겨울엔 낮의 길이가 짧아서 서둘러 새벽부터 배는 바다로 나간다. 그날 낚아 올린 당일바리(그날 잡은 어획) 옥돔의 맛은 그 무엇에 비길 수 있으랴. 억센 바람, 얼음장 같은 바닷속에서 단련된 옥돔의 맛은 쫄깃하다. 깊은 바닷속 모래에 터를 잡고 서식하니 살았던 터전이 청정하여 비린내도 풍기지 않는다.

어머니는 어둑해질 무렵에야 포구로 돌아오는 배를 동동 기다렸다. 어머니는 당일바리 옥돔을 사다가 비늘 한 점도 남기지 않고 긁어냈다. 배를 가르고 바닷물에 헹구어 상하지 말라고 굵은 소금을 듬뿍 뿌렸다. 건들거리는 바람에 몇 날 며칠을 말리며 파리떼를 쫓아내느라 마당을 들락거렸다. 파리떼를 쫓아내지 않으면 구더기가 생겨서 옥돔의 맛은 변질되어 먹을 수 없기 때문이다.

냉장고가 없던 시절이라 지금처럼 냉동시켜서 먼 거리를 보낼 수 있는 게 아니었다. 서울에 사는 언니네 집으로 보내기 위해 바짝 마른 옥돔을 켜켜이 놓아 누런 소포 종이로 여러 겹 싸서 노끈으로 단단히 묶었다. 소포를 푸는데 사나흘이 걸릴 정도라고 우스갯소리를 하셨다. 주소도 어머니께서 손수 또박또박 큰 글씨로 쓰고 옆구리에 차서 우체국으로 가셨다. 서울에 도착한 옥돔은 너무 짜서 물에 우려내어 구워 먹거나 국을 끓여 먹었다고 한다.

전화기 너머 우체국 교환이 "서울 전화입니다."라는 소리에 얼른 어머니를 바꿔드리면 무사히 옥돔이 서울 언니네 집에 도착했다는 전언이 온다. 어머니는 그제야 안심이 되었는지 우리 집에서도 그날 옥돔죽을 끓여 주셨다.

제사, 명절에 조상님께 올리는 옥돔을 해마다 겨울철이면 서울에서 먹을 수 있는 건 어머니의 지극한 자식 사랑 덕분이다. 자식을 위해서라면 두 손이, 두 발이 늙어서 허술해졌다고 가만히 모셔 둘 일이 아니었다. 구더기가 생기는 것에 굴할 바가 아니었다. 맛있는 옥돔을 당신 먼저 목구멍으로 넘기지 못했을 테다. 멀리 있는 자식 먼저 챙겨야만 어머니의 속내가 편안하였던 거다. 그렇다고 우리 집에서 옥돔을 흔하게 먹을 수 있는 건 아니었다. 내 유년에는 옥돔이 많이 잡혀서 쉬이 구경이라도 할 수 있었으니 자주 먹지 못해도 아쉽지 않았다. 그저 서울로 보내는 생선쯤으로 당연하게 생각하였다.

어머니는 손 솜씨가 야무져서 무엇을 만져도 네 귀가 반듯한 모양새였다. 요리도 맛깔나게 만들어 주셨다. 매번 더 달라고만 해서 기분이 좋았을 것이다. 기억에 남아있는 특별 음식이 옥돔죽이다. 가시를 하나하나 발라내야 하는 번거로운 요리다. 가시 한 톨도 남기지 않으려 눈을 부릅떴을 터이다. 내일 아침에도 먹이려고 당신은 아껴서 드시지도 않고 남겨두었다는 걸, 오랜 세월이 흘러서야 문득 생각해내곤 울컥하였다.

자식에게는 잔가시만큼도 찔리게 하지 않으려, 어떠한 아픔도 남겨 주지 않으려고 당신의 삶은 수없이 가시에 찔렸다. 자신의 가슴을 부리로 쪼아서 피를 내어 자식을 소생시키는 펠리컨 어미 새처럼 오직 희생만이 전부인 삶이었다. 생각하면 가슴이 먹먹해지고 저릿하다. 긴 한숨을 몰아쉬지만, 어머니 한숨만큼이나 할까.

어머니 떠나시고 당신이 남겨 준 맛을 떠올리며 옥돔죽을 끓였다. 가시가 혀끝에 감지된다. 지난번에도 가시가 입안에 걸려들더니 또 조심스레 뱉어내는 게 여간 성가신 게 아니다. 이래서 옥돔죽은 식당 메뉴판에서는 아예 찾을 수도 없다. 옥돔죽에는 원래 가시가 없는 줄 알았었으니, 어머니는 진정 고수이셨다.

옥돔, 우리는 영원히 남이 아니라고 말하고 싶다.

나는 바다가 좋다

☘ 오늘도 바다를 바라본다. 썰물 때여서 반쯤 채워진 바닷물은 하얀 모래 때문일까, 옥빛이다. 마실 나가시려 단장한 어머니의 옥색 치마폭처럼 감겨 온다. 문득, 어머니 치마폭에 얼굴을 묻었던 감촉을 떠올려 본다.

바람이 새기고 간 잔물결을 볼 때면 바다가 리듬을 타는 듯하다. 잘 풀리지 않아 갑갑하던 나날이다. 바다처럼 흥겨움에 빠져든다. 가끔은 잿빛의 바다를 만나기도 한다. 깊이 가라앉은 바다는 흐트러짐이 없는 선비의 침묵 같다. 곧 비가 올지도 모르고 바람이 거세게 불지도 모른다는 암묵의 표시이다. 바다는 쏟아지는 비도 세찬 바람도 아랑곳없이 넉넉하다. 가끔 포말을 일으키며 소용돌이치지만, 다시 잠잠해지며 어디론가 흘러갈 뿐이다.

흘러가는 바다는 유순하여 어릴 적 나에게는 만만한 놀이터였다. 얕은 곳에서 첨벙대며 놀다 어느 순간에 깊은 데인 줄 모르고 허우적댄 적이 있다. 하마터면 영영 물 밖으로 못 나올 뻔한 사건이다. 오빠가 급하게 물속에서 끌어냈기에 위기를 모면할 수 있었다. 그 후로 바다는 경계 지역이 되어 버렸다. 상처가 오래도록 아물지 않아 물만 바라볼 뿐이다. 물빛이 검은빛으로 보이는 날은 섬뜩한 느낌이 들어 얼른 집으로 돌아오곤 하였다.

알 수 없는 것은 어디 바다뿐이던가. 열 길 물속은 알아도 한 길 사람 속은 모른다고 하지 않았는가. 사람을 쉽게 믿어 버리는 나는 사람에게 치일 때가 있다. 선한 마음으로 호의를 보이면 상대는 나의 약점을 다 알아내어 어느 순간 돌변하는 상황으로 치닫는다. 설마, 이런 일이 어떻게 있을 수 있는가. 질투라는 놈이 똬리를 틀고 그 마음안에 들어앉아서 작정하고 계획한 일인데 당할 수밖에. 이미 되돌릴 수 없는 상처를 받은 나는, 그저 아무 대응도 없이 신께 기도만 드릴 뿐 혼자 견딘다. 이제는 사람도 조심스럽다. 차라리 혼자가 좋다.

허허로운 날, 바다로 간다. 때가 되면 스스로 채워지는 만조의 바다. 널따란 백사장이 물결로 덮인다. 바다는 비웠다가 또 채우고 자유의 경지다. 바다처럼 자유로워지고 싶지만, 밀물처럼 스르르 채워지는 일이 가당키나 한가. 애쓰는 나날 속에 겨우 붙잡히는 것들이 있을 뿐이다.

아직도 신기루 같은 것이 나타나기를 바란다. 어쩌면 불가능한 일인지도 모르지만 그래도 그걸 좇아서 갈 수밖에 없다. 꼭 이루고 싶은 마음 간절하고 아직 포기하기는 이르니까. 어느 날 미완의 삶에 차오르는 것들이 있을지도 모르고, 아니면 슬며시 비워내는 여유를 부려 보면 어떨는지.

썰물의 바다가 느긋하다. 텅 빈 모래사장에 새들이 남기고 간 발자국, 아이들이 맨발로 조개를 잡고 산책을 나온 가족들의 웃음소리로 가득하다. 바다에서 만난 모습들은 물빛보다 더 고운 정경이다.

비가 내리는 날이면 차를 몰고 길을 나선다. 어디로 가려고 작정한 것도 아닌데 두서없이 쓰는 편지처럼 저절로 가는 곳은 바닷가다. 부서지는 파도를 보면 오래된 상처가 파도에 휩쓸려 사라진다. 파도의 처방은 명약이다. 사람에게 받은 상처도 망각할 수 있으면 얼마나 좋을까.

비는 물러가고, 안개에 가려진 바다는 무대 뒤로 사라진 연극처럼 조용히 막을 내리고 있다. 숨어 버린 바다는 많은 것들을 가리고 2막에 올려질 무대를 준비하는 듯 비장하다. 무슨 말이 필요하랴. 바다는 안개 속에서 말을 아끼고 있다.

바다를 응시할 뿐, 머릿속에서만 대본을 써 보지만 바다의 깊은 적막은 아무것도 예견하지 말라 한다. 아무리 걷어내려 하지만 이 시간이 지나고 갠 날을 기다려야만 모든 게 드러난다. 저 묵언 정진에 언제면 도달할지 저절로 낮아진다. 신비의 바다를 깨우지 않으려 슬며시 돌아선다.

바닷가에서 낳고 자란 나는 바다를 지척에 두고도 늘 그립다. 삶이 풀리지 않을 때 뒤엉킨 실타래를 바다에 넣으면 파도에 넘실대며 스르르 풀린다. 바다는 많은 것들을 들려주어 나를 꿈꾸게 한다. 일장춘몽이 되는 허망한 꿈이 아닌, 이룰 수 있다고 확신을 준다. 바다는 돌아가야 하는 나의 본향이다. 나는 바다가 좋다.

제2부

바흐를 품고

바흐를 품고

시나이산, 순례하다

영화, 추억에 빠지다

느리게 가는 길

어머니 사랑합니다

표선백사장

설거지

바람부는 날의 소묘

자연을 들이다

바흐를 품고

새들도 무리 지어 날아가지 않는가. 세상과 동화되지 못하고 이방인처럼 겉도는 날이 있다. 때론 페이스를 잃어버린 마라토너처럼 풀썩 주저앉기도 한다. 그럴 땐 내 마음 둘 곳을 찾으려 둘러본다. 여지없이 마음은 바흐의 음악에 꽂힌다.

바흐를 듣는다. 카잘스의 연주로 〈무반주 모음곡 1번 프렐류드〉를 선택한다. 무반주 첼로 소리는 고독하다. 첫 음의 공명은 세상의 정적을 가르는 새벽 산사의 종소리처럼 울려온다. 흐르는 선율은 어느 순간 고조되고, 숨 가쁘게 질주하다 더는 아쉬움 없이 끝마친다. 가슴에 남겨진 소리 붙들고 다시 일어선다.

바흐는 작곡가이자 교회의 오르간 연주자였다. 그의 음악을 슈바이처는 "그의 소리는 사라진 것이 아니라 언어로는 표현할 수 없는 신의 명성에 오른 것이다."라고 극찬하였다. 사람들과 어울리는 시간 속에서도 생각은 동떨어져 기억하고 있는 음들을 따라갈 때가 있다. 만약에 바흐의 음악이 세상에서 사라진다면, 그것이야말로 언어로는 표현할 수 없는 절박한 상황이 아닌가.

그는 음악의 영감은 신께서 주신 것이라고 믿었다. 신께 바쳐질 곡을 위해 응답이 이루어지는 찰나의 순간을 간절히 기다렸을 것이다. 돈과 명예를 얻을 수 있는 오페라를 단 한 곡도 작곡하지 않았던 가난한 바흐이다. 세속적인 영달보다는 오직 신을 찬미하는 음악만을 추구한 깊은 신앙의 외길이었다.

바흐는 작곡 공부를 위해 대가들의 악보를 달빛에 비추어 그려내는 작업을 하며 시력을 잃어버렸다. 바흐의 음악을 듣노라면 완벽한 오선지 위에 비극의 잔영이 언뜻언뜻 들려오는 건 나만의 비약일까.

살다 보면 가끔은 암담한 일에 처한다. 누구로 인해서 마음 상한 일을 털어놓았더니 "그게 다 관심인걸." 간단명료하게 친구가 결론 내린다. 상대의 선한 마음을 헤아리지 못하고 복잡하게 생각했던 일이라는 걸 그때 깨달았다. 생각을 붙들고 속 썩이고만 있었으니, 관계의 오작동을 쉽게 해결하는 건 믿을 만한 이에게 마음을 훌훌 열어젖히는 것이다. 의견을 나누다 보면 오해의 소지를 발견하여 속박되었던 마음이 풀린다.

삶의 부조화는 어디에든 있는 법이다. 제자리에 놓여있는 음표들의 높낮이가 조화를 이루듯, 상대의 소리를 들으려고 열어놓은 귀는 키우고, 자신의 목소리는 나직할수록 소통은 원활하다. 이런 안정적인 관계만 이루어진다면 어떨지, 부질없는 생각이 아니었으면 좋겠다.

우울한 날은 으레 첼로를 울려본다. 카잘스는 96세 죽는 날까지 바흐 〈무반주 모음곡〉의 테크닉과 음악적 표현을 완성의 경지에 이르러 놓았다. 이건 지식으로만 아는 표현일 뿐, 바흐의 음악을 깊이 있게 느끼고 익어가기엔 나는 아직 마음만 조급하다.

〈무반주 모음곡 1번 프렐류드〉에 마음이 흔들리는 건 간절하면 가 닿는다는 평범한 진리를 믿고 싶어서이다. 카잘스를 흉내라도 내 볼 수 있을지, 감히 엄두도 못 내는 일을 의식을 치르듯 활을 그어 본다. 거친 보잉에도 헛손질에도 첼로는 나를 오롯이 받아준다.

첼로의 저음이 가슴에 내려와 주위를 부유하던 잡동사니들이 가라앉는다. 고단한 삶의 연속으로 어디에든 안착하여 쉬고 싶을 때, 첼로는 낮은 소리로 다가와 편안하다. 그건 포용의 소리다. 세상의 뾰족한 것들로부터 잠시 일탈하여 타협을 이루게 한다.

나를 고집한 소리가 고음으로 퍼져서 존재를 드러낸들 그건 부질없이 허망할 뿐이었다. 어쩌면 힘없는 약자의 치기였는지도 모른다. 중언부언 쏟아지는 말들이 조각조각 번잡하다. 눈을 감고, 귀를 닫고 진정성의 마음으로 다가서려 하지만 고요의 경지는 멀기만 하다. 절실하게 자신을 말하고자 하는 것은 더 낮아졌을 때 소리보다 마음이 읽힐 때가 아닌가.

음악은 영혼으로 스며들어 메마른 육신의 피돌기를 돕는다. 갈증이 해소된 마음과의 합일은 또 하나의 세상을 향한 울림의 시작일까. 각박한 세상에 활개를 치며 당도할 수 있는 지름길이 되어도 좋겠다.

바흐의 여운이 오래도록 머문다. 신께서 허락하신 충만한 시간이다. 더는 무엇이 필요하랴. 나를 일으켜 준 바흐, 영원히 품으련다.

시나이산, 순례하다

봄이 시작되면 자목련 가지에 눈길이 머문다. 예수님의 수난을 묵상하는 사순시기 같은 자줏빛 몸체가 드러나기를 기다리고 있다. 마음이 비어서 꽃을 기다릴까. 어디론가 훌쩍 떠나고 싶은 역마살이 도진다.

수도원 홈페이지에서 발견한 성지순례 모집 공고를 보고 선뜻 결단을 내리지 못한다. 순례를 떠나고 싶은 간절함은 있지만, 노환인 어머니를 홀로 남겨 놓고 12박 13일을 떠난다는 게 젖먹이를 떼는 엄마의 마음처럼 불안하다. 나를 길러주실 때 어머니의 심정도 이랬을 터이다.

성지를 눈으로 보고 느끼는 건 더 깊은 신앙의 길로 가는 것이다. 인터넷을 누비며 사진으로 성지를 더듬는다. 실제로 마주하면 뿜어 나오는 성스러운 기운은 예상치 못한 은총을 줄 것이다. 미미한 신앙심에 활활 불을 붙이고 싶은 열망으로 가득하다. 간절함이 더는 머무르게 하지 않는다.

공항 대합실에서 일행들을 기다리는데 벌써 순례의 설렘은 좋은 예감을 부른다. 신께서 허락하신 은총의 시간, 무엇이 주어질지 새로운 곳을 접하는 건 일약 큰 사건이다.

비행기 좌석 벨트를 채우니 드디어 이륙하는가. 설렘도 잠시, 비행기 창 너머 보이는 총총한 별 위로 어머니의 모습이 오버랩된다. 나라 밖 외출을 결심한 딸을 보내주기는 해야겠는데 노환인 몸으로 혼자서 감당해야 할 일들이 버거워서 불안함이 역력했다. 내가 외출할 때면 언제 돌아오느냐고 아이처럼 묻곤 하셨는데 잠들지 못해서 뒤척이고 계시지는 않을까. 끼니는 잘 챙겨서 드실지 시공간을 초월한 천륜이 처절하여 마음은 비행기를 회귀시킨다.

이집트의 밤공기는 타국이어서인지 더 쌀쌀한 기운이 든다. 밤 2시가 조금 넘은 시간, 미지의 산을 오르는데 오직 의지할 것은 플래시 불빛뿐. 정상까지 무사히 정진하려는 비장한 적요가 감도는 새벽이다. 평생에 두 번이라도 겪으면 좋을 시간이다.

어디쯤 가고 있는지, 정상은 얼마나 남았는지 짐작을 하려는 건 어리석은 일이다. 산의 경관을 살피려는 건 아예 안중에 없을뿐더러 어둠만이 시야에 닿는 행로다. 정상만이 목적이다. 십계명을 받은 성지의 위대함은 어떠할지, 가늠조차 할 수 없는 거대한 역사 앞에 두근거림으로만 다가가고 있다.

신의 부르심을 받은 모세의 심경은 어떠했을까. 모세처럼 겸손한 이가 없었다는데 하느님께 오직 순명하는 마음, 그 겸손은 거대한 산의 형체만큼이나 위대했으리라.

하늘과 맞닿을 듯한 정상에 도착했다. 아직도 어둠 속이다. 모세가 십계명을 받은 약속의 땅에 발을 디뎌서일까, 암흑 속에서도 갈구하는 마음엔 빛이 스며드는 듯 밝아진다. 신께서 주시는 희망 한줄기 붙들고 가려는 간절한 원의가 아닌가. 신께서 아시는 듯 새벽하늘이 열리면서 열 덩어리가 안으로 들어와 나를 녹이기 시작했다.

친친 감겨있던 삶의 멍에는 풀어놓고 가련다. 돌산의 묵언보다 더 깊은, 하늘로부터 울려오는 전언은 가슴을 휘돌아 뜨거운 눈물로 승화된다. 신이 나를 점철했다는 언약인가. 기쁨이 저 밑바닥부터 차오른다. 다시 성산을 오를 수 있다는 약속이나 할 수 있을지, 시작이자 마침인 이 시간을 허락한 신께 감사 기도로 마무리한다.

하산하는 길 여명 속에서 산의 모습이 드러났다. 붉은빛이 도는 험준한 돌산. 풀 한 포기 만나지 못하는 화강암으로 이뤄진 거대한 형체를 보는데 저 산을 올랐다는 게 꿈이었는가. 가이드 설명은, 낮에는 산을 보는 순간 그 기에 질려 오를 엄두가 나지 않는다고 했다. 밤에만 올라야 하는 저 산, 모세는 두렵지 않았을까.

앞길이 훤히 보이는 삶이라면 노력이라는 단어는 이 세상에 존재치 않을 것이다. 예견할 수 없는 삶의 면면은 산을 오르듯 조금씩 다가가는 것이다. 하늘에서 든든한 동아줄이라도 내려주기만을 바라지만 요행은 아슬아슬하기만 하다. 행운은 비껴가기만 하고 종내에는 소박하고 평범한 삶을 받아들인다. 삶의 무게를 줄이고 가벼이 전진하는 게 수월하다는 걸 살아보면 깨달을 수 있지 않은가.

시나이산은 어둠으로 두려운 존재를 가리고 갈망하는 이들을

빛으로 인도한다. 자비로운 이곳을 떠난다. 다시 돌아서서 산과 지그시 눈을 맞춘다.

영화, 추억에 빠지다

확성기를 통한 목소리가 호소력이 짙었다. 마음은 소리가 나는 쪽으로 달음질치고 있었다. 그건 가설극장에서 오늘밤에 영화를 상영하니 많이들 보러 오라는 일종의 호객 행위였다. 귓전에는 영화 상영 시간과 "시네마스코프 눈물 없이는 감상할 수 없는 영화"라는 소리가 확연히 들려왔다. 확성기에서 들려오는 곡진한 멘트를 듣고, 저 영화를 안 보고 배길 자신이 없었다.

초등학교 다니던 시절이었다. 막무가내로 영화 요금을 달라고 떼를 썼던 기억이 난다. 요금이 얼마였는지 연기처럼 사라져 버렸지만, 영화 제목만큼은 또렷이 기억난다. 눈물과 콧물이 범벅되어 가슴 저몄던 영화, 「저 하늘에도 슬픔이」였다. 옹색한 현실에 문화 혜택을 누리도록 돈을 쥐여 준 어머니 생각에 가슴이 아릿하다. 한달음에 가설극장으로 달려갈 때 내 가슴은 벅차올랐지만, 어머니는 돌아서서 한숨을 쉬시지는 않았을까.

천막 한쪽에서 발전기 소리가 요란한 건 흡사 도시를 연상케 하였다. 광목이 펼쳐진 스크린에 내 그림자가 비칠 땐 비로소 문화인 반열에 낀 듯 흐뭇하였다. 영화 상영 내내 편안하였던 건 나무 방석을 들고 가라고 챙겨 준 어머니의 탁월한 선택 덕분이었다.

영화의 서막은 대한뉴스였다. 대통령의 정치 활동과 국군장병 소식으로 애국정신이 꿈틀대었다. 수십 번 돌린 낡은 필름이 한두 번 끊기는 건 운이 좋은 날이었다. 필름을 붙이는 동안 기다리다 지루하면 험상궂은 아저씨가 "돈 돌려다오!" 야유를 보내기도 했다. 한참을 기다려야만 광목 스크린에 빗줄기처럼 빗금이 지직대면서 다시 영화는 시작되었다.

「저 하늘에도 슬픔이」는 당시 초등학교 4학년인 이윤복의 수기를 영화로 각색하였다. 1965년에 김수용 감독, 신영균, 김천만, 김용연, 주증녀가 출연하였다. 아역배우들이 출연하여 동질감을 느끼기에 충분했다. 제3회 청룡영화제 감독상, 최우수 작품상을 받은 영화였으니 꽤 수준 있는 영화가 시골까지 진출한 건 이야깃거리였다.

흑백 필름의 남루한 색채처럼 찌든 가난에 눈물을 흘렸던 기억은 순수한 동정심의 발로였다. 어른들마저 눈동자도 코끝도 충혈되게 울어서, 영화가 끝나 불이 켜지면 부끄러워 얼굴을 숨기곤 하였다. 그 시절에는 눈물 없이는 감상할 수 없는 영화가 트레이드 마크였다. 실컷 울어 카타르시스를 느껴야만 볼 만한 영화라고 평할 정도였다. 다행인 것은 웬만한 영화는 해피 엔딩이니 집으로 돌아갈 때는 먹먹했던 가슴이 스르르 풀렸다. 유년시절에 본 영화 한 편이 가난한 사람을 도와주려는 마음을 다잡는 산 교육이 되기도 하였다.

보석처럼 반짝이던 청춘은 고독이라는 단어를 좋아하면서도 한곳에 머물게 하지 않았다. 친구들과 우르르 몰려다니던 그날, 서귀포극장에서는 「닥터 지바고」를 상영하였다. 아카데미 각본상, 촬영상, 미술상, 의상상, 음악상을 탄 걸작을 외면할 이유는 없었다.

「닥터 지바고」는 보리스 파스테르나크가 10년 동안에 걸쳐 완성한 대하소설이 원작이다. 1965년 데이비드 린 감독, 오마 샤리프와 줄리 크리스티 주연이었다. 감성적이고 순수한 시인인 의사 지바고는 1차대전 전장에서, 언젠가 스쳤던 기억 속의 여인 간호사 라라를 다시 만난다. 전쟁의 긴박함이 두 남녀의 마음을 붙들었을까. 지바고와 라라는 피할 수 없는 아픈 사랑에 빠진다.

이미 결혼한 지바고와 라라의 사랑이 스러져 버릴 것만 같은 예감 때문에 영화 내내 가슴 졸였다. 스무 살엔 사랑이 이루어지지 않아도 그 순간의 혼신은 아름다운 거라는 걸 짐작도 못 했으니까. 영화가 끝나고 친구들은 제 갈 길로 흩어졌지만, 나는 극장을 떠나지 못하고 거푸 두 번을 보았다. 라라를 이르쿠츠크로 떠나보내는 장면이 지워지지 않아 혼자 카페에서 커피 한 잔으로 마음을 달래었다.

떠나야만 되는 현실 앞에 라라는 마음만큼은 두고 간다는 초연함이었을까. 마차는 움직이기 시작하고 지바고를 돌아보는 애절한 눈빛은 흔들리지 않았다. 눈 덮인 시베리아 벌판으로 달려가는 마차가 아득해지자 지바고는 이층으로 단숨에 올라간다. 성에가 낀 유리창을 깨고 떠나는 라라를 놓치지 않으려는 눈빛이 절박하였다.

이집트계 혼혈인 오마 샤리프의 동그랗고 깊은 눈에 그렁그렁 차오른 눈물, 눈자위가 불그스름한 애수의 눈빛. 소리 없이 사무치는 가슴으로 울었을 테다. 그 순간 울려 퍼지는 라라의 테마에 결국 나는 감정을 터트렸다. 이 세상에 이렇게 아픈 이별이 있을까. 스무 살의 가슴은 그 후로도 오랜 시간 이별을 아파했다.

영화 음악의 거장, 모리스 자르의 라라의 테마 「somewhere my love」를 불현듯 흥얼거리게 되는 건 운이 좋은 날이다. 세월이 약이라 했으니, 아픔은 아물었고 추억은 아름답기만 하다.

이즈음, 영화 한 편에 흠뻑 빠져 그 옛날처럼 하염없이 눈물을 흘릴 수 있을는지.

느리게 가는 길

✤ 문우가 책을 보내왔습니다. 등단한 지 얼마 되지 않았는데 벌써 책을 냈네요. 짐짓 놀란 가슴으로 글이 몇 편이나 실렸는지 훑어봅니다. 알곡이 영글듯 빽빽한 활자들을 만납니다. 책장을 넘기는데 등단 연도에 시선이 꽂히네요.

며칠째 제목만 써 놓은 채 글 한 줄 못 심었지요. 텅 빈 밭고랑 같은 모니터만 바라봅니다.

소싯적 운동회 날을 떠올려 봅니다. 운동장 입구, 상자 위에 차곡차곡 쌓아놓은 벌건 홍시가 반갑습니다. 펄럭이는 만국기를 잡으려고 까치발을 하고 손을 뻗어 보지만 약올리듯 바람에 나부끼며 올라가 버립니다. 잡히지 않던 만국기와 앞서 달려가던 친구를 쫓으려 바동거리던 내 모습이 오버랩됩니다.

운동복을 입은 나를 보며 경주마 같은 다리에 사람들은 찬사를 보냅니다. 긴 다리가 무용지물이라는 게 금방 들통날 터인데 이 일을 어찌하면 좋을지요.

달리기가 시작됩니다. 다람쥐처럼 쪼르르 달리는 친구들을 쫓아 이를 악물고 악착같이 다리를 옮기지만 결국 꼴찌입니다. 모두 달뜬 날, 운동장 구석으로 숨어버리고 싶었습니다. 아직도 그 쓸쓸함이 가슴 한편에 잔재해 있네요.

성지 순례를 떠납니다. 이번 코스는 부활절을 끼고 떠나는 일정이라 순례자들이 정원보다 넘칩니다. 은근히 걱정되네요. 노련한 가이드의 품새는 타이트한 일정대로 빠르게 움직일 게 뻔합니다. 매번 순례길에 노인들보다도 걸음이 뒤처져 폐를 끼칠까 봐 꿈속에서도 달립니다.

반은 뛰고 반은 종종걸음으로 기를 쓰며 쫓아가지만, 어느새 일행들은 가이드를 에워싸고 온 시선을 모으고 있네요. 겨우 도착해 틈새를 비집고 껴 보지만 가이드의 설명은 중간쯤 가고 있습니다. 서두에 무엇인가 중요한 것을 말했을 텐데 궁금하네요.

옆에 서 있는 일행에게 무엇을 말했는지 물어보고 싶지만, 계속되는 여정이 버거운데 누가 될까 봐 입이 떨어지지 않습니다. 순례 초반부터 기진맥진입니다.

사하라사막을 버스를 타고 넘습니다. 손에 넣으면 푸석거려 잡히지 않을 모랫길이 아득합니다. 빼꼼히 얼굴을 내민 풀포기도 보입니다. 저것들이 어떻게 여기에 와서 뿌리를 내렸는지, 목마름은 어떻게 해소했는지 안쓰럽습니다. 그래도 초록빛이어서 다행입니다.

한참을 달리다 휴식을 하려고 사막에 발을 디뎠습니다. 낙타가 터벅터벅 걸어옵니다. 등에 올려놓은 짐의 무게로 몸짓이 천근만근인 듯합니다. 이미 먼 길을 왔는지 긴 다리를 옮겨보지만 앞으로 나아가지 못하고 제자리를 걷는 것 같네요. 대나무 마디 같은 가는 정강이 부위가 눈에 들어옵니다. 걷다가 휘청거려 푹 주저앉을 것만 같습니다. 목적지만을 향하여 안간힘을 써야 하는 낙타의 등을 쓸어주고 싶습니다.

딱 한 번 눈이 마주쳤습니다. 멍하니 한곳을 응시한 눈망울이 가엾기까지 합니다. 기다란 목을 앞으로 쭉 내밀고 사람들은 쉬지만, 낙타는 꼿꼿이 선 채로 있네요. 측은지심으로 낙타의 긴

다리를 접어보는 상상을 합니다. 울음소리 한 번 내지 않고 잘 견디네요.

잠시 머물더니 우리보다 먼저 출발합니다. 낙타가 쏜살같이 달린다고 이 사막을 단숨에 건널 수 있을까요. 먼 길을 가는 건 한 걸음 한 걸음 천천히 내디뎌야겠지요. 느린 걸음이지만 해가 떨어지기 전에는 꼭 도착이 될 터이지요. 가는 길에 오아시스를 만나 목이라도 축이길 간절히 바라봅니다.

인생길, 머나먼 여정을 서두르지 않으려 작정합니다. 다시 사하라사막을 온다면 낙타와 꼭 해후하고 싶습니다.

어느 시인과 대화할 때 저에게 물었습니다.

"왜, 아직 결혼을 안 했어요?"

망설이지 않고 대답했습니다.

"수녀가 되려 했지요."

홀로 계신 어머니를 모시려고 수녀의 길을 포기했습니다. 어머니가 외로운 건 저도 견딜 수 없었기 때문이지요.

시인은 다시 말했습니다.

"글쟁이는 고독해야 해요."

고독이 내 삶의 사슬인 줄 알았는데 그 말이 위로가 됐습니다. 고독, 수필로 메우려고 합니다. 좁은 삶의 반경이라 채우려면 한참 걸릴 듯하네요.

욕속부달欲速不達이라는 말을 마음에 담습니다. 빨리하려면 오히려 도달하지 못한다는 뜻입니다. 질주하기엔 서툰 삶이라 늘 브레이크 페달을 밟으려고 준비하고 있지요.

다시 컴퓨터의 자판을 누릅니다.

어머니 사랑합니다

옷장을 정리한다. 아파트로 이사 오면서 대충 정리한 게 개운치 않았다. 세상은 꽃들의 향연인데 옷 속에 파묻힌 내가 한심하지만, 가끔 옷장을 정리하고 나면 마음도 정돈된다. 주변이 일목요연하면 정갈한 기운으로 모든 관계도 어긋나지 않고 척척 풀릴 것만 같다.

옷장 서랍 밑바닥에서 어머니의 주름치마를 발견한다. 옅은 카키색에 꽃무늬가 가득하다. 어머니의 분신인 양 반가워 덥석 잡아보는데 어머니의 품처럼 닿는 촉감이 부드럽다. 꽃을 보고 싶은 마음을 담아두고 있었는데 뜻밖의 위로가 된다.

어느 날 어머니는 주름치마를 슬며시 내밀었다. 그때 병환 중이어서 그 옷을 입고 외출하기는 힘들 거 같다고 생각하셨는지 내 손에 쥐여 준다.

어머니가 외출하시던 모습은 한 폭의 그림으로 걸려있다. 쪽머리를 하고 자수를 놓은 분홍색 양산을 들고 주름치마를 입으신 어머니는 단아하였다. 내 눈에는 마치 일류 배우처럼 고우셨다. 비싼 옷도 아니건만 딸에게 물려주고 싶었던 건 당신이 아끼고 즐겨 입어서였다. 그날, 가난한 어머니의 선물을 무심결에 받아두고 까마득히 잊어버렸다.

어머니는 내가 외출할 때마다 불러 세워 말을 걸곤 했다. 혹시 당신께서 물려준 옷을 입었는지 내심 확인하셨을 것만 같다. 잘 어울리는지 보고 싶었을 텐데 그땐 미처 그걸 몰랐다. 시간이 해결해 주는 일이 많기도 하다. 그 가운데 부모의 마음을 즉각 알아차리는 지혜만큼은 지체하지 않으면 후회가 덜할 텐데. 지나고 나서야 헤아리곤 가슴 미어진다.

주름치마를 입고 거울을 본다. 어머니가 보셨다면 활짝 웃었을 텐데 혼자서 이리저리 비춰 보고만 있다. 나이가 들면서 영락없이 어머니의 모습을 닮아간다. 가끔 마주치는 동네 어르신이, 내 이름은 몰라도 어머니의 이름을 부르면서 누구의 딸인지 얼른 알아보신다.

봄이 왔으나 조석으로 바람결이 차가워 코트를 꺼낸다. 입으려고 보니 단추가 떨어질 듯이 달랑거린다. 어머니가 물려준 반짇고리를 꺼낸다. 그 안에는 단추와 옷핀이 크기별로 그득하고, 실도 색색이 감아져 있고 바늘도 여러 개 있다. 내 평생 쓰고도 남을 만큼이다. 급하게 외출할 때 어머니가 단추도 달아줘서 약속 시각에 늦지 않았었다. 당신이 이 세상 부재 시에 딸이 서두르면 어찌하나 걱정이 태산 같아 미리 마련해 놓으셨다.

남들처럼 집문서나 땅문서를 물려주고 싶었을 텐데, 내어놓을 게 없어서 허허로운 마음에 허둥댔을지도 모른다. 통장에 돈을 넣듯이 어머니는 반짇고리를 채웠나 보다. 금은보화로 넘치는 보석함보다도 더 빛나는 소중한 유물이다. 옷장 깊숙이 보관한다.

우울한 날은 화장도 짙어지고 액세서리도 달아 본다. 치장하지만 왠지 심란하여 무언가로 더 채우고 싶어진다. 문득, 어머니가 물려준 자수정 반지가 생각나서 후다닥 꺼내어 끼워 본다. 손가락 위에서 반지 알이 도도하게 빛난다. 어머니의 온기가 고스란히 전해져 오는 듯 반지를 낀 손의 감촉이 좋다. 내리사랑은 저승에 가서도 이승과 닿아 있나 보다.

언젠가 어머니는 외출하려는 내 손가락에 당신께서 끼고 있던 반지를 슬쩍 끼워주셨다. 독신으로 살아서 결혼반지 하나 끼고 다니지 못하는 딸이 늘 안쓰러웠던 게다. 빈 손가락은 자연스럽게 내가 선택한 삶의 현상일 뿐이다. 나는 아무렇지도 않은데, 어머니는 빈 손가락을 보려 하지 않아도 저절로 시선이 갔을 터이고, 무엇보다도 마음이 비었을 거라고 노심초사하셨다.

어머니는 내가 외출하고 돌아올 때까지 마당가를 서성거리셨다. 즐거운 시간이길 바라셨을 텐데, 무슨 일이 있었느냐고 묻지도 못하고 지그시 바라보는 눈가가 젖어있는 듯 촉촉했다. 그 사랑이 가없어 자식 앞에서는 한없이 작아지셨다.

기일엔 열 일을 제치고 어머니를 뵈러 산소로 간다. 바람이 훔쳐 갈까 봐 비석 틈새에 소국 한 다발 바치고 안도한다.

병원에 계신 어머니가 중증이라 불길한 예감이 들었다. 내일은 꼬옥 안아드리며 사랑한다고 말해야지, 꼭 표현해야지 다짐했는데, 그 한마디 채 듣지 못하고 황망히 떠나셨다. 오늘은 못다 한 그 말 한마디 술잔에 띄워놓고 무릎을 꿇는다. 천국을 기리는 실타래 같은 기도를 드리고 무덤을 안아드린다.

천국에서도 지상을 내려다보시며 서성이고 계실 것만 같다. 가슴속에서 뜨거운 덩어리가 울컥 치밀어 온다. 아, 어머니가 보고 싶다. 신께서 단 하루만이라도 이승으로 건너올 수 있도록 허락해 주신다면…. 꼭 이루어질 것만 같아, 꿈에서라도 뵐 수 있으려나. 그때 생전에 못다 한 말, 가슴에 응어리로 남아있는 이 한마디 꼭 전해드리고 싶다.

"어머니! 사랑합니다."

표선백사장*

북새통으로 생채기를 당했을 백사장, 분주했던 여름은 물러갔다. 물새들만이 발자국을 새기고 있으니 지금부터 휴지기다. 바닷물이 참선하는 수도승처럼 잔물결의 일렁임도 없다. 반은 채워지고, 반은 민낯으로 백사장이 드러난다. 저 물 위를 둥둥 떠다니는 상상을 한다.

백사장은 '한모살'이라고도 부른다. 한은 많다, 모살은 모래, 모래가 많다는 뜻의 제주어다. 4만8천여 평에 하얀 모래가 융단처럼 쫙 깔려있어 밤에도 한모살을 못 찾는 일은 없다.

모래의 감촉이 힘들이지 않아도 맨발에 닿는다. 밟히는 대로 낯가림 없이 자신을 허물어 준다. 모래를 밟으며 걷다 보면 선입견도 편견도 없이 서로의 마음을 열어 주는 게 따뜻한 삶이라는 걸 깨우친다.

풍랑을 겪은 백사장은 물결무늬로 주름이 졌다. 밀려온 감태가 군데군데 누워있다. 동네 아주머니가 서둘러 아침 백사장을 깨우려 저벅거린다. 감태 줄기가 포대 속으로 허겁지겁 고픈 배를 채운다. 서민의 소득원이다. 감태가 어느 쪽에 더 많이 있는지 일사불란하게 움직인다. 아주머니는 풍랑이 일 때마다 가난한 현실에서 벗어나려는 의지가 파도의 높이만큼이나 컸을 테다.

감태를 품고 있어 준 백사장이 해산한 여인처럼 흡족하리라. 두둑해진 포대를 둘러메고 떠나는 아주머니의 뒷모습이 거뜬하다. 마음이 푸근하게 아침을 열었으니 백사장에 오길 잘했다.

어렸을 때 기억 한 도막 떠오른다. 트위스트 춤이라도 추는 시늉으로 모래를 파헤치다 보면 조개들이 발길에 널브러진다. 치마에 조개를 가득 담고 바윗돌 위에 쏟아붓는다. 여름 뙤약볕에 타들어 가던 바윗돌에 바닷물을 묻혀온 조개를 올려놓자, 그제야 희부연 돌이 검은빛으로 돌아온다. 조약돌 하나 주워다 조개를 톡톡 깨트려 짭조름하고 쫄깃한 조갯살을 먹었던 추억이 어렴풋하다. 군것질거리가 궁색했던 시절의 별미여서 백사장을 늘 기웃거렸다.

수만 평의 스케치북은 검지 하나면 마음껏 휘갈기며 글을 쓰고 그림을 그렸다. 마음에 들지 않으면 금방 손으로 지울 수 있는 아날로그 첨단시설이다. 다시 그리고 쓸 수 있기에 미련을 떨쳐 버리는 건 쉬운 일이었다. 밀물 때면 그림이 보존 기간도 유효하지 않은 채 지워져 버려 정성도 무색하다. 어떤 날은 은밀한 나만의 비밀을 써놓고 두근거리다, 파도가 밀려오면 동동거렸던 생각에 피식 웃음이 난다.

백사장 서쪽에서 보이는 매오름이 매의 날갯죽지를 퍼덕이며 비상할 태세다. 우락부락 남성의 강한 기운이 서린 능선이 주둔한다. 동쪽으로는 달산봉의 맵시 고운 여인네 같은 곡선이 부드럽다. 굳어진 마음이 저절로 유연해진다. 백사장은 오름들을 거느리고 있다. 바다로 떠오르는 해가 오름으로 넘어가는 저녁까지 바람을 통하여 저들과 수런거린다.

태초 이래 가부좌를 틀고 앉은 한라산이 백사장과 마주한다. 성철스님의 "산은 산이요. 물은 물이로다." 화두를 붙들고 선문

답을 한다. 백사장을 거니는 길, 나는 넋두리만 늘어놓다 이 정경에 빠져 마음을 가다듬는다.

철 지난 백사장에서 바라본 저녁 하늘이 핏빛 울음이다. 백사장은 비장하게 가라앉는다. 4·3 당시 표선면, 남원읍 일대 주민들이 총살당해 시체들이 누워있었던 현장이다. 그 아픔 때문일까. 파도의 우짖는 소리가 진혼곡처럼 들려오는 날이 있다.

생존경쟁이 치열한 세상은 사람들의 아우성으로 잡동사니만 쌓여 오염투성이다. 텅 빈 백사장은 단정하다. 채우려 급급하지 않으니 더 여유롭지 않은가. 사람들과의 관계 속에선 얼마나 많은 말들을 주고받는지 허탈할 때가 있다. 도리어 씁쓸한 마음이 들어 입을 다물기로 한다. 백사장에선 아무 말도 하지 않아도 된다. 그냥 침묵으로 거닐 때 짓눌렸던 감정들이 삭여진다.

어디로 가겠는가. 언제든 어서 오라 하는 곳, 눈치 보며 어려워 주저하지 않아도 되는 곳, 세상을 휘휘 돌다 결국 찾아가는 안식처인 곳, 백사장에 홀려서 저절로 발길을 옮긴다.

썰물 때의 여백을 바라본다. 어느 쪽으로도 치우치지 않은 둥글고 화통한 품새로 나를 보듬어 준다. 나를 길러 주고, 살아내게 해 준 피난처이다. 그저 바라보는 것만으로도 거미줄 엉키듯

뒤엉킨 마음이 더 넓어진다.

비어 있지만, 더는 아무것도 필요치 않은 완성의 경지. 내 쉴 곳이 어디인지 찾지 않아도 지척에 백사장이 있으니 어디로 떠나랴.

* 표선백사장: 제주도 서귀포시 표선면 표선리 소재 해비치 해변.

설거지

가끔은 설거지를 뒤로 미루기도 한다. 한참 TV에 시선이 꽂혀 뭉그적거리면서도 아직 설거지를 못 하고 있어서 마음이 묵직하다. 한끼에 사용된 그릇이 고작 네댓 개인데 태산같이 밀린 일처럼 찜찜하다.

얼마나 기다렸을까. 쏟아지는 물로 그릇들을 적셔 주니 흠씬 온몸으로 물을 받아들인다. 미끄러지지도 않고 어서 씻어달라는 듯 꼿꼿하게 손에 잡힌다. 물소리와 손놀림에 집중하니 마음의 번잡도 사라진다.

유리컵 두 개가 겹쳐 있다. 살며시 돌리면서 풀어내려 하지만 맞물린 컵은 미동도 없다. 애써 물을 쏟아붓고 세제를 듬뿍 묻혀 준다. 깨질까 조마조마하며 나비의 몸짓보다 더 가벼운 손놀림으로 살짝 돌리는데 쓱 컵이 올라온다. 치받던 머리끝이며 새가슴이 진정된다.

어떤 날은 급하게 서두르다 쨍하고 컵이 깨져 버려 서운할 때도 있었다. 혹사당한 컵들의 몸부림일까. 소중하게 다루어 주지 못한 흔적일진대, 깨진 유리 조각들을 주섬주섬 모으는데 각박했던 삶의 파편이지 싶다. 불길한 징후가 마음에 휘도는데 매순간 정성으로 살아야지 온 신경이 집중된다.

독신인 나는 조카들이 자식 같다. 아기들 사진도 받아보면서 혼자 흐뭇하다. 천륜인 걸 어찌 이 당김을 끊을 수 있으랴. 내리사랑이라 하지 않는가. 어제부터 소식이 궁금하여 카톡을 보냈는데 묵묵부답이다. 또 카톡을 보낸다. 걱정도 팔자지 무소식이 희소식이 아닌가.

아직도 카톡 소리가 들려오지 않아 핸드폰 쪽으로 귀를 쫑긋 세우고 있다. 저 애들이 서로의 주장만 하다가 맞물린 컵처럼 풀리지 않은 일이 생긴 건 아닌지, 금이 간 컵처럼 뾰족하게 날을 세우고 있는 건 아닌지 종종거린다. 스르르 풀려 자기 자리로 돌아간 컵처럼 양보하고 조율하기를, 마음 졸이면서 급하게 화살기도를 바친다.

드디어 카톡 소리에 귀도 눈도 한치는 더 늘어난다. "ㅋㅋㅋ" "ㅇㅇ". 대답도 간단명료하게 경쾌하다. 기도의 효험이 있었나, 쓱 가슴을 쓸어내린다.

급할수록 돌아가라 한 말이 생각났으면 좋았을걸. 쌓인 그릇들을 허둥지둥 설거지하고 돌아서면, 잘 씻긴 그릇에 오염된 그릇을 겹친 채로 수납하는 우를 범하게 된다. 대수롭지 않은 일인 것 같았는데, 다시 꺼내어 씻어 주어야 하는 번거로움은 그야말로 낭패다.

모처럼 별 좋은 날, 날씨처럼 화사하게 친구 몇 명이 의기투합해 모였단다. 지적인 것을 고수해서 수준이 있지 않냐면서, 찌든 삶은 훌훌 털어 버리고 미술관 전시를 관람하자고 나를 끌어들인다. 혼자가 좋은데, 그렇지만 막무가내다. 거절하지 못하고 동행하는 길이다.

백남준 비디오아트 전시를 선택한다. 백남준이라는 이름만이 익숙한 채로, 더는 아무것도 모르는 문외한들이 의기양양하게 전시장 안을 사뿐사뿐 들어간다. 빔프로젝터와 오디오, 설치

모형들이 협업을 이룬 채 낯설게 다가온다. 무엇을 이룰 거처럼 당도했지만 멍하니 눈으로만 볼 뿐 마음은 공허하다.

이게 무얼까. 느끼려 하지만 천재의 예술성을 감지도 못하고 어슬렁거리다 슬쩍 미술관을 빠져나온다. 시작은 왁자지껄했지만 돌아오는 길은 아무도 말이 없고 몸만 축 처진다. 차라리 집 근처 분위기 좋은 카페에서 커피 한 잔 마주하고 서로의 속내를 공유했으면 스트레스가 확 풀렸을 텐데. 수준이 무슨 중요한 일인가. 행복의 지수를 높게 잡을수록 쫓아가기엔 역부족이다.

마음만 붕 떠서 알곡이 없는 쭉정이처럼 실속 없는 날이었다. 혼자에 익숙한 나는 부산스레 치이기만 했다. 내 뜻과 상관없이 다른 이의 의견에 무게를 실어 준 시간이 무의미하게 흘러가 버렸다.

사람살이 중 중요한 것이 소통이다. 씻긴 그릇에 오염된 그릇이 겹친 것처럼 안 좋은 기운은 빠르게 확산하여 일상을 흐트러놓는다. 상대의 입장을 읽어내고 서로의 이견을 조율하여 유익한 것만 소통하는 게 급선무다.

저녁 식사를 단출하게 한다. 고작 두어 개뿐인 그릇들은 개수대 안에서 부딪힐 이유도 없이 여유롭다. 손놀림도 분주하지 않게 건조기 안으로 정리된다. 식기 건조기 안 그릇들이 불빛에 반사되어 월하의 미인 같다. 제자리를 틀고 앉은 그릇처럼 정중동의 저녁이 나를 소생시킨다.

바람 부는 날의 소묘

바람에 시달리는 꽃을 만난다. 허리를 휘청거리며 겨우 지탱하고 있다. 저러다 꺾이면 어쩌지, 초조하게 바라보는데 제법 기가 세다. 꽃들이 지천으로 합창을 한다는 소식에 서둘러 달려왔다. 오름이 보이는 언덕에 자리한 꽃들의 터전에서 사람 구경까지 한다.

탁 트인 벌판이라 바람이 잠시 휴식할 자리가 없다. 밀려오듯 흐르다 멈추지 못하고 애꿎게 꽃만 흔들고 있다. 저 오름 중턱에나 가서 머물면 좋을 텐데, 가슴 졸인다. 이 마음을 알았는지 드디어 바람이 그쪽으로 흘러간다. 오름 자락을 휘감은 바람은 잠시 뒤척이다 골짜기에 머물러 고요하다. 꽃들이 한고비 넘긴다.

할머니 손을 잡은 아기가 꽃 사이를 뒤뚱거리며 누빈다. 그 뒤를 엄마와 아빠가 오직 자식을 철통같이 보호하려는 내리사랑으로 종종거린다. 부모는 아기가 아장아장 걷는 걸음마부터 혼자서 지탱할 수 있을 때까지 바람막이가 되어준다. 굽이진 인생길 순풍만 불어주기를 바랄 터이다.

꽃들에 묻힌 무리 속에서 언뜻 낯익은 얼굴이 눈에 닿는다. 한창 일할 나이에 사표를 내고 떠난 직장 동료다. 구체적인 이유는 소문만 무성해서 진실을 모른다. 말을 붙일까 망설이다가 떠올리기 싫은 과거일지 모르는데 조바심으로 살피게 된다.

인생의 바람결일까. 양쪽 뺨에는 옅은 빗살무늬가 새겨졌다. 이마의 골은 깊고 외꺼풀의 눈자위가 상념에 젖은 듯하다. 툭 불거진 광대뼈는 좌절 속에서도 강인하게 견뎠을 것만 같다. 살아오는 동안 사람들도 꽃처럼 색깔을 물들인다. 다시 흘깃 쳐다본다. 꽃과 화답하는 모습이 원만해서 흔들리지 않을 듯 여유롭다. 인제 휘청거리는 누구든지 손을 내밀어 이끌어 줄 만큼이라고 가늠해 본다.

바람, 피할 수만 있다면 얼마나 행운인가. 혹독한 바람을 맞닥뜨린 사람은 주저앉기에 십상이다. 영원히 소생하지 못하는 패배자가 되기도 할 터인데, 그의 바람막이는 무엇이었을까.

나도 예기치 않은 일이 돌풍처럼 몰아쳐 온 적이 있다. 신앙인들에게 당한 상처여서 그 충격은 더 크게 다가왔다. 피해 의식 속에 말문을 닫아 버렸다. 웃음기가 싹 사라진 얼굴에 어둠이 덮쳤다. 고통은 전쟁을 치른 패잔병처럼 삶을 절뚝거리게 하고 그 흔적은 복원되기가 쉽지 않았다. 한동안 감당할 수 없는 절망이 휘감는데 오도 가도 못하였다.

의지가지없이 떨고만 있을 즈음 큰 나뭇등걸에 툭 기대고 싶었다. 누가 나를 따뜻이 보듬어 주었으면, 둘러보지만 모두 다 타인이었다. 어떤 교류도 단절시키고 간절히 신께 부르짖는 나날이었다. 오직 신께서 들려주는 구원의 응답으로 겨우 추스를 수 있었다. 아직도 상흔傷痕은 남아있다.

온실 속의 화초처럼 살던 내가 밑바닥까지 내려가 보았다. 이제 산전수전 겪는다는 게 무엇인지 알겠다. 경험만이 스승임을 절감한다. 단단히 지지대를 세우고 나락으로 떨어져 방황하는 이와도 동반할 수 있다. "사람을 믿지 마라." 한 성경 말씀이 뇌리를 파고든다.

바람이 다소곳하다. 흔들거리던 꽃들도 바람이 만만해졌을까. 자태가 꼿꼿해진다. 저 꽃들은 바람이 휩쓸고 지나가면 미련 없이 삶을 마감할 수 있다. 자연의 변화에 순응하여 시들어 버리기도 하고, 소생할 수도 있는 자유로움을 누린다. 다시 스스로 피워낼 수 있기에 절망할 일은 아니지 않은가.

꽃 속에 파묻혀 화색이 도는 사람들이 꽃이 된다. 간당거리는 꽃처럼 춤이라도 출 듯 즐거워한다. 그동안 앉은 자리가 가시방석처럼 까끌까끌하지는 않았을까. 가슴속 응어리를 품고 크게 소리 내어 웃는 날이 며칠이었을까. 사람들도 저 꽃들만큼만 바람에 의연할 수 있기를 바라본다.

더운 여름날의 미풍은 신명나는 찬가이다. 한줄기 시원한 바람은 불어도 좋으리. 무디게 사는 나날, 순간 내리치는 죽비 같은 바람이면 달갑게 맞이하리라.

짧지도 길지도 않은 생, 바람에 치이며 살았다. 오늘 문득, 꽃들 사이로 감겨오는 바람이 반가워 살며시 돌아보는데 잠잠하다. 지금만큼만 삶의 수위가 평탄하면 좋으련만.

자연을 들이다

익숙한 환경, 배어있는 정서를 바꾸기가 쉽지 않은가. 마당이 있는 집에 살고 싶었다. 어릴 때 마당은 울타리 아래 채송화, 봉숭아, 분꽃이 작은 세상을 이루어 나와 함께 살았다. 장독대 뚜껑을 여닫을 땐 조막손으로 일조를 했던, 인위적으로 가꾸어 놓은 어느 정원보다 걸작이었다.

그때는 마구 뒹굴어도 넓기만 했던 그곳이 기억 속에서 떠나지 않는다. 주어진 터전이었기에 좋은 것도 싫은 것도 없이 살았었다. 무던한 가슴에 품고 있던 향수는 급기야 마당이 있는 집을 구하러 다니도록 충동질을 하였다.

그리던 집은 생각일 뿐, 다리품을 팔며 찾아다녀도 인연이 닿지 않았다. 지인이 조언하기를 마당에 잔디는 2주에 한 번씩 다듬어 주어야만 하고, 풀들이 쑥쑥 자라서 관리하는 게 만만치 않다고 하였다.

분양 중인 아파트를 슬쩍 기웃거려 보았다. 뜻밖에도 바다가 보이고 안방 창틀에 오름이 액자처럼 걸리는 전망 좋은 곳이 점지되었다. 마당이 있는 집은 미련 없이 사라지고 한눈에 반한 아파트를 취득했다.

이사 오면서 애지중지하고 온 것이 있다. 어머니가 물려준 제주 옹기 작은 항아리, 단지, 장태와 궤다. 옹기를 이리저리 놓으며 기억 속의 장독대를 옮겨 온다. 거실을 마음이 시키는 대로 조촐하게 완성했다. 작은 공간의 물리적인 변화 하나로 마당을 그리던 갈증을 해소해 준다.

제주 옹기는 1,200도 고열의 강렬한 불꽃을 피우기 위해서 장작이 아닌 섬피-나뭇잎과 잔가지가 달린 잡목 묶음-를 땔감으로 쓴다. 타오르는 불길과 연기로 옹기의 무늬를 만든다. 제주의 흙은 입자가 가볍고 미세하여 철분 성분이 많다. 그 철분은 일정 온도가 되면 녹아서 유약을 바른 듯 옹기에 은은한 윤기를 준다. 흙의 유기물질은 불의 기운으로 미세한 구멍을 만들고 그 구멍이 공기와 소통하여 숨을 쉬는 옹기가 완성된다. 제주 옹기는 인공 유약을 바르지 않아 장기간 보존을 하여도 신선도가 유지된다. 인위적으로 가미하지 않은 천연의 방부제다.

자연은 진실이 바탕이다. 삶도 작위적일 때보다 순수하고 진정성으로 살아낼 때 그 누가 마음을 돌리겠는가.

우리 집 옹기는 볼이 발그스레한 아담한 여인네 같다. 유연한 허리의 곡선은 무엇이든 품을 수 있는 여유다. 비어도 빈 게 아니다.

오롯이 담아내는 것이 옹기의 쓰임새다. 어머니께서는 작은 항아리는 쌀독으로도 사용하였고, 단지에는 멸치젓갈을 담기도 하였다. 비릿한 젓갈의 냄새는 긴 세월 동안 들숨과 날숨으로 뱉어내어 흔적조차 없다. 영원을 살아서 호흡을 이으니 불로장생할 터. 사는 동안 낯 찡그린 적 없으니 선하기로는 가히 최고의 경지다.

어머니가 쌀을 퍼내러 고팡*으로 들어가서 문을 꼭 닫은 기억이 어렴풋이 떠오른다. 아마도 쌀독이 비어가면 됫박과 항아리의 마찰음이 카랑카랑 들리는 게 싫어서 문을 닫았을지도 모른다.

제주도에서는 끼니때마다 밥 지을 양에서 쌀 한 줌씩 덜어내어, 작은 항아리에 ᄌᆞ냥* 했다가 큰 쌀독이 비면 그 쌀로 밥을 지었다. 우리 집 작은 항아리에도 어머니가 모아 놓은 쌀이 늘 있었다. 오롯이 자력으로 살아내려는 제주 사람들은 옹기의 투박한 질감처럼 오직 진정성으로 살았다.

먼지 앉을 새도 없이 옹기를 닦았던 어머니처럼 매일 쓰다듬는다. 마음이 허전한 날 옹기를 매만지노라면 여명처럼 번지는 붉은빛이 양기를 발산한다. 모태의 양분처럼 에너지를 얻는다.

궤를 안방에 들여놓았다. 궤에는 가장 소중한 물건을 담고 자물쇠로 잠가 놓는다. 어머니는 궤 깊숙이 윤달에 만든 호상옷*을 보관했다. 햇볕 좋은 날은 꺼내어 거풍시키고 들여놓고를 돌아가실 때까지 해마다 하셨다. 당신이 돌아가셔서 입을 옷을 손수 마련해 가장 은밀한 곳에 보관하고, 애지중지 매만지며 죽음을 준비하는 의연함은 삶의 순리인가.

안방에 궤를 들이니 고풍스럽다. 궤는 비밀을 간직하고 절대 발설하지 않을 태세로 함구하고 있다. 누구도 함부로 열 수 없을뿐더러 가벼이 속내를 엿볼 수도 없다. 좋은 날을 택하여 일 년에 한 번쯤 개방하니 신비로운 존재다.

물려받았다는 내력만큼 소중한 역할을 맡기려 한다. 신앙생활이 전부이기에 궤 위에는 십자가와 성모마리아상을 모신다. 새로운 소임을 맡은 궤의 역할이 신을 받드는 중책이니 대물림한 연륜에 어울린다.

마당이 있는 집은 아니지만, 아파트는 유년의 뜰이다. 돈을 주고 소유한 물건들은 필요에 의해 맺어진 관계여서 애틋한 정이 없다. 어머니에게서 물려받은 것들은 혼이 있어 교감을 한다. 소중한 것들과의 일상은 쏟아붓는 애정만큼 배신이 없다.

자연을 들여놓고 사는 것이나 매한가지이니 어찌 이 풍요를 마다하리요.

* 고팡: 식량이나 물건을 보관하는 공간, '창고'의 제주어.

* 주냥: 함부로 쓰지 아니하고 꼭 필요한 데에만 써서 아낌. '절약'의 제주어.

* 호상옷: 제주에서는 수의를 '호상옷' 이라고 한다.

제3부

그리운 것들에 대하여

돌담

돌담이 울퉁불퉁 투박해도 오밀조밀 정겹다. 성곽처럼 빙 둘러싸여 있는 돌담 위를 오르고 내리면서 놀았던 기억이 난다. 마땅한 놀이 시설이 없었던 시절이라 돌담을 넘나드는 아슬아슬한 순간들이 스릴 있었다. 어스름께까지도 돌담 위를 누비고 다니다 어디선가 밥 짓는 냄새가 스쳐 와야만 부랴부랴 집으로 가곤 했다.

돌담 위에는 어느 날부터 새들만이 들락날락한다. 지금은 허물어져 아무도 찾지 않은 이곳이 초라하다. 돌담 위에서 놀았던 추억이 뇌리에 즐비한데 마음은 이곳처럼 내려앉는다.

돌담은 큰 돌을 밑돌로 놓고 그 위에 돌을 포개면서 쌓는다. 서로 조율하여 이가 맞는 부분을 찾아서 놓아준다. 튀어나와 아귀가 맞지 않으면 망치와 정으로 다듬는다. 틈새에는 잔돌을 끼워 넣어서 무너지지 않게 보완한다.

수없이 무너지고 일어서며 다져 온 인생길, 저 돌담처럼 조율하여 끄떡없으면 좋으련만, 다짐하던 마음은 어느 순간 사라지고 궤도 이탈을 하게 되니 탄탄대로는 꿈일 뿐이지 않는가.

밑돌은 납작하게 누워 버티고 있다. 식솔을 거느린 아버지처럼 쌓아 놓은 돌의 무게에 짓눌려도 아무 내색도 하지 않는다. 나를 딛고 잘 버티라는 자세다. 아버지는 늘 '나는 괜찮다.'고 포커페이스를 하셨다. 무더운 날 두꺼운 옷을 훌훌 벗어 버리듯 모든 일을 거뜬히 처리하곤 했다. 마음 한 자락도 흔들림이 없는 줄 알았다. 가끔 마당 한편에서 담배 연기가 사라지는 허공을 응시하던 모습이 어른거린다. 짐작건대, 풀리지 않은 일로 내색도 못 하고 속울음을 삼키셨을 듯하다. 위로의 말씀 한마디만이라도 건넸다면 그 순간 천금의 가치가 있었을 텐데…. 허허로운 마음으로 나 역시 허공에 시선이 닿는 날, 아버지의 존재는 가슴에 밑돌로 자리해 있어 문득, 그리움이 밀려온다.

잔돌은 돌 틈 사이에 끼워 놓아도 초라하지 않다. 자기만의 형상대로 맞물려서 끄떡없이 제 역할을 한다. 멋있고 기이한 돌들은 귀족 품에 올라 고이고이 모셔다 어느 부잣집 정원에 놓여 있을 텐데도 아랑곳하지 않는다.

무너진 돌담의 안부가 궁금하여 찾아간다. 그사이 제자리에 앉혀 놓아, 다시는 무너지지 않을 태세로 기골이 장대하다. 돌담 사이 숭숭 뚫린 트멍*으로 바람이 넘나든다. 몰아치던 바람이 돌담을 빠져나가고 허공으로 흩어진다. 돌담과 바람 사이에 팽팽한 긴장은 찾아볼 수가 없다. 서로에게 열어 놓아 공존한다. 돌담을 보수하듯 소원해진 인간관계도 단장시키면 더 굳어져 흔들리지 않으리라.

귀에 익은 평범이 비범이라는 말을 남에게는 슬쩍 조언하면서 정작 긴 시간을 돌아왔다. 나만 옳다고 고집하며 남의 의견은 안중에도 없이 기고만장하게 살았다. 인제 타인과도 아귀다툼보다는 측은지심으로 차간 거리처럼 간격을 둔다.

높은 돌담처럼 벽을 쌓아 소원해진 친구에게 마음을 허문다. 뾰족한 날을 세우고 속 좁게 마음을 닫아버렸다. 조금 무디어도 좋았으련만 서운하다고 막무가내로 함구해 버렸으니, 친구와 무슨 생존 경쟁인지 씁쓸하다. 이 나이에 새로이 친구를 맺는 일이 쉬운가. 떨어진 단추도 달고 해진 곳도 깁듯이 수선하련다.

꼭 만나자며 전화기 너머 들뜬 목소리가 들린다. 내가 먼저 전화 걸길 잘했다. 가벼워진 마음엔 오직 친구가 정해준 날짜만이 새겨진다.

밖은 다정한 바람 소리는 아니지만, 햇살을 동반했으니 산책하면 좋을 듯하다. 발걸음은 저절로 바다 쪽으로 향한다. 돌로 쌓아 놓은 봉수대에서는 멀리까지 시야가 닿을 듯하다. 해녀들의 젖은 몸을 녹이고, 시퍼런 물길마저도 데워 버리는 돌로 둘러놓은 불턱도 만난다. 돌담의 여러 형태가 곳곳에 삶의 일부로 존재한다.

철썩이는 파도 소리 귓전에서 흘려버리는 건 눈앞에 돌담길이 들어와서다. 생각이 정리되지 않아 여기저기 기웃거릴 땐, 어디를 서성이는 것보다 이곳이 마음 붙들기에 좋다. 양쪽으로 펼쳐진 돌담길은 마치 유년 시절 스케치북에 색종이 찢어서 다닥다닥 붙여 놓던 모자이크 같다. 길의 끝자락에 금방 당도할까 아쉬워서 유유자적 느린 걸음으로 흐느적거린다.

밭 주인이 내어놓았는지 길 어귀에 무 몇 개 놓여있다. 따스

한 마음 씀씀이 돌담길과 어우러진다. 무 듬성듬성 썰어 넣고 고등어조림이나 하려고 몇 개는 남겨두고 저녁 찬거리로 두어 개 주워 온다.

돌담을 의지하고 바람을 피하고 있는 쑥부쟁이가 눈에 띈다. 꽃 피우기에 이만한 안식처가 없다. 돌담이 내어준 자리에 가녀린 꽃들이 무리 지어 살 수 있으니 애틋한 정경이다. 나도 누구에게 저런 자리를 선뜻 내어 줄 수 있으려나.

* 트멍: 틈, 구멍의 제주어.

그리운 것들에 대하여

애틋한 것들은 그리워할수록 가슴이 아플 때가 있습니다. 깊은 슬픔은 가슴에 고스란히 남아 있지요. 돌이켜 볼 때면 눈가에 눈물이 맺히기도 합니다.

마음이 빈 날은 불현듯 외할머니가 그립습니다. 보고 싶습니다. 사진 한 장 간직하지 못한 아쉬움이 크네요. 가슴에 간직한 모습 꺼내 보면 올레길 어귀에서 손짓하고 계십니다.

유년 시절에는 외할머니 집에서, 겨울엔 햇볕이 기거하는 툇마루에 나와 볕을 쬐고, 여름밤이면 마당에 누워 별자리를 찾았지요. 끝없는 내리사랑으로 허기진 적이 없었습니다. 필요한 것을 얻어내려 떼쓰며 울먹이면, 눈물 닦아주며 금방 해결해 주시던 분은 외할머니였습니다. 학교 공부를 마치고 집으로 들어서면서 동공이 커지는 것은 창문 너머 보이는 외할머니의 모습 때문입니다. 어머니를 부르는 날보다 외할머니를 부르며 집으로 달려간 날이 많았습니다. 학교를 다녀온 저를 살피고 외할머니는 발걸음 사뿐히 돌아가셨습니다.

외할머니가 사시던 집터는 개발이 되어 정확히 어디쯤인지 짚어낼 수가 없습니다. 인근에 호텔, 리조트, 민속촌이 조성되고 현대식 건물이 즐비하게 들어서서 꿈속에서도 찾을 수 없을 정도입니다. 가끔 주변을 운동 삼아 휘 돌아올 땐 걸음을 멈추고 기억을 되돌립니다. 그곳을 찾고 싶은 간절함으로 자주 시선을 맞추지만, 긴가민가 마음만 허해집니다.

지금은 사라져 흔적조차 찾을 수 없는 우물이 있었던 자리를 더듬게 됩니다. 우물을 '번새'라 불렀습니다. 숲길을 지나 으슥하게 숨어 있었습니다. 메마름을 극복하는 그 시절의 식수원이었지요. 그곳에 가서 대바지*에 물을 긷고 구덕에 담아서 지고 와야만 생활할 수 있었습니다.

외할머니댁에서 그 길을 가노라면 진한 순비기 꽃향기가 집에까지 묻어왔습니다. 막개볼레* 열매를 따 먹느라 하루해가 성큼 사라지는 줄도 몰랐지요. 물을 길으러 '번새'를 가는 길은 허상을 좇는 시간이 아니었습니다. 실존을 위한 가장 기본적인 방편을 찾아가는 일이었습니다. 거부하는 마음 전혀 없이 생명수를 찾아 드나들었지요.

영원히 놓아버릴 수 없는 그리운 곳입니다. 어디 비슷한 곳이라도 있다면 열 일을 제치고 찾아가고 싶습니다.

가끔 올레길 4코스 바닷길을 걷습니다. 오라고 초대하지 않아도 저절로 찾아가는 곳입니다. 바다는 태초에도 이랬을까요. 바다의 본질은 변한 게 없습니다. 나 혼자만 쇠락해지고 물질문명에 치여 순수를 잃어버렸습니다. 바다를 보면서 순간이나마 순수를 복원시켜 봅니다.

여기 어디쯤 유년 시절에 친구들과 조개를 캐던 곳이 있었는데, 아슴푸레 간직한 추억을 떠올려 봅니다. 예전과는 확연하게 달라진 풍경들은 옛날의 그곳을 찾는 게 쉬운 일은 아닙니다. 그곳은 바윗돌로 빙 둘려진 거무스름한 모래밭이었지요. 물쿱조개* 서식지였습니다. 검은빛의 큰 조개여서 말발굽에 비유해서 이름 붙여졌지요. 말발굽만큼 큰 것은 아니었고요, 백사장에서 캐는 조개보다는 훨씬 컸습니다. 큰 것에 집착하던 유년 시절 경주하듯이 조개 캐기에 열중했지요. 그곳에서는 햇볕에 그을린 아이들의 맨몸부터 검은색 일색이어서 웃을 때 치아만 하얗게 드러났지요.

만날 인연은 꼭 만나는가 봅니다. 지척에 있었는데 바다에 취해서 시야에 잡히지 않았습니다. 때로는 바다를 보는 것도 권태로워 시선을 외딴곳으로 돌리다 한눈에 알아봤지요. 물속으로 첨벙 들어가고 싶었습니다. 그때는 허리까지 물이 찼던 것 같은데 지금은 종아리에 간당간당 닿을 듯합니다.

“산천은 의구하고 인걸은 간데없다.” 한 시조가 생각납니다. 같이 놀던 친구들 불러 모아 그 옛날처럼 우르르 몰려와서, 조개 캐기 경주라도 한다면 바다가 반가워 까무러칠지도 모르겠네요.

한동안 잊고 있었던 것들이 꿈틀댑니다. 고향을 떠나 직장을 다니느라 추억을 꺼내 볼 겨를이 없었거든요. 지금은 고향에 안착하여 몰두하는 일은 수필을 쓰는 일입니다. 질주하던 시절의 치기에서 물러나 수필 외에는 둘러보지 않으려 작정했습니다.

글쓰기가 풀리지 않는 날은 잠자리에 들어서도 뒤척이기도 하지요. 일찌감치 잠은 포기하고 거실로 나와 차를 우려내어 음미하노라면 이런저런 생각들이 기웃거립니다. 창창한 미래를 바라는 건 이제는 뒷전이고요. 가슴에 묻어둔 것들을 꺼내어 앨범에 사진을 꽂듯이 글감으로 정리합니다.

그리운 것들은 눈물을 흘릴지언정 살아낼 수 있는 에너지이고 삶의 위안을 줍니다. 영원히 지워지지 않았으면 좋겠습니다.

*대바지: 물을 긷는 작은 물허벅을 일컫는 제주어.

*막개볼레: 막개는 빨랫방망이의 제주어. 볼레는 보리수 열매의 제주어로 열매가 길쭉길쭉하고 컸기 때문에 붙여진 이름.

*몰굽조개: 몰은 말馬의 제주어. 굽은 발굽의 제주어. 검은빛의 큰 조개를 말발굽에 비유해서 붙여진 이름.

ᄇᆞ름*에 길들어서

바람과 함께 산다. 바다에도, 들판에도, 오름에도, 거리에도 바람이 분다. 제주의 ᄇᆞ름은 피할 도리가 없어서 등을 돌리고 서는 것만이 지혜이거늘.

유년 시절엔 밤이면 사방 천지에서 불어대는 바람 소리가 슈베르트 「마왕」의 선율처럼 음산하여 무서웠다. 밤새 씽씽 거세게 내는 전봇대의 울음소리는 바람에 견디지 못한 절규인가.

바다로부터 불어오는 바람을 외할머니께서는 "일진풍이 분다."고 외쳤다. 일진풍이 몰아치는 날엔 창문을 메다 부딪치는 소리가 집을 통째로 날려 버릴 것만 같아 잠을 이루지 못했다. 밀려오는 파도는 터널을 이루어 뭍으로 달려왔다. 방파제에 부딪혀 튕기는 물보라에 휩쓸릴 것만 같아 멀찌감치 물러나 바라보았다.

아침 포구를 고깃배가 기적 소리를 내며 출항하였다. 그때까지만 해도 포구는 고요하였다. 변화무쌍한 제주의 ᄇᆞ름은 너울거리는 파도의 높이를 동산처럼 키워 놓아 고깃배의 항해를 막아 버렸다. 포구로 사람들이 하나, 둘 모여 고깃배의 무사 귀환을 빌었다. 어부의 아낙네들은 세명주할망당*에 제물을 올리고 소지燒紙를 사르며 치성을 드렸다. 할망신의 돌봄이었을까. 저녁 무렵 바람의 세력이 약해져, 통통거리며 고깃배가 들어오면 포구는 바람보다 더 들썩였다. 어부들은 하루하루 바람과 맞닥뜨리며 억세게 살았다.

당케*와 가름* 사이엔 모래가 쌓여 언덕을 이룬 길이었다. 그 시절엔 바닷바람을 막아주는 방패막이 없이 직속으로 불어왔다. 세찬 바닷바람이 불어와 쌓인 모래는 능선을 이루다가 바람에 파이고 깎여 지층이 생겼다. 모래 지층은 바람이 치대는 대로 무너지지 않고 용케 견디고 있었다. 외할머니의 삶도 그러하지 않았을까. 세상 풍파에 휘청거리지만, 나약한 심신을 가누며 무너지지 않으려 안간힘을 썼을 것이다. 세파에 시달리는 삶은 숙명이 아니던가. 깊게 골이진 주름은 인생의 바람이 새겨 놓은 걸작이었다.

터진목을 지나노라면 바람에 날리는 모래가 눈에 들어와 따끔거리며 눈물이 줄줄 흘러내렸다. 외할머니는 눈을 크게 벌리고 혓바닥으로 쓱 쓸어주곤 하였다. 까끌까끌하던 눈이 진정되어 편안해졌다. 지금도 바람 불어 모래가 날리면 그날이 선연히 떠올라 가슴 울컥하게 한다. 편치 않은 눈을 비비는데 눈물이 나는 것은 눈보다 더 아픈 외할머니가 떠올라서이다.

바람이 설렁설렁 불어대기 시작하면 누가 먼저인지 모르게 마을 공동 수돗가로, 아이들과 심지어 동네 개들까지 모여서 바람을 맞으며 돌아다녔다. 마치 바람과 함께 춤을 추듯이 신명나게 떠돌다 집으로 갔다.

바람을 흠씬 맞고 온 날은 열이 독하게 올라 편도선이 부었다. 침도 삼키지 못하는 나에게 어머니는 메밀로 죽을 끓여 주셨다. 열을 내리는 데는 메밀죽이 특효여서 겨우 죽을 넘겼지만, 부은 편도선을 가라앉히려면 한참을 앓아야만 했다.

외할머니께서는 굵은 소금을 볶아서 칼자루로 톡톡 분쇄하였다. 가는 대나무 통에 볶은 소금을 넣고, 후 불어서 부어오른 편도에 닿게 하였다. 그러기를 몇 번 반복하고 나면 부은 편도선이 점차 나아져 침도 삼킬 수 있었고, 음식 먹는 것도 수월하였다.

아팠던 기억도 잊은 채 다시 바람을 맞으러 나갔으니…. 살랑거리는 바람이 부는 날보다 뺨을 때리듯 매운바람이 거의 매일 불어제쳤다. 그래도 바람이 지겹다는 생각을 거의 한 적이 없다. 숨을 쉬듯 바람과 함께 살았다.

바람이 마당가를 선회할 땐 으스스 한기가 찾아오고, 검은 구름이 하늘을 채우기 시작하면 비가 올 것을 예감하였다. 마당에 널었던 알곡도 서둘러 쓸어담고 장독대 뚜껑도 조심스레 닫으려 하지만, 쨍그랑 소리가 크게 들려 바람보다 가슴이 더 흔들렸다.

거센 바람 소리를 귓전에 깔고 사는 제주 사람들은 목소리도 늘 높았다. 큰 목소리가 언뜻 들으면 거친 듯하지만, 그 고음의 언어는 정겹기만 하다. 소리 죽여 나직이 말하면 어디 아프냐고 물을 정도이니 바람 소리 사이로 들리는 목소리는 명창들 득음의 경지라고 비약한다.

들판으로 쏘다닐 땐, 풀잎과 바람이 경계가 없이 한 덩어리가 되어 마구 흔들리는 걸 봤다. 쓰러지지 않는 풀잎에서 생동감을 느꼈다. 바람과 풀잎의 파노라마가 온몸으로 퍼져 온통 푸름으로 적셔지곤 하였다.

『도덕경』 제22장에 "휘면 온전할 수 있다." 했거늘. 풀뿌리가 뽑히지 않고 흔들리고만 있는 것처럼 세상 풍파에도 유연하게 대처하라 함이 아닐까.

제주 ᄇᆞ름의 기세는 어떠한 방패도 없다. 늘 바람과 동반한 삶이다. 바람이 흔들어 댄다고 꺾이지도 쓰러지지도 않았다. 제주 ᄇᆞ름의 강인한 생명력에 길들어서 수평의 삶을 산다.

* ᄇᆞ름: '바람'의 제주어.
* 세명주할망당: 제주도 서귀포시 표선면 표선리 당케에 있는 해상 안전을 지켜주는 여신을 모신 당.
* 당케: 제주도 서귀포시 표선면 표선리 해비치 해변이 있는 어촌 마을. (당이 있는 포구라는 뜻이다. '케'는 '포구'의 제주어)
* 가름: 당케 사람들은 표선 시내를 '가름'이라 불렀다.

살면서 단정지을 일이 있는가

운명運命

방년 20대에는 멋모르고 고관대작 부인이 되는 꿈을 꾸었다. 장래 희망을 쓰는 칸에 '현모양처'라고 기재했으니 돌이켜보면 무모한 꿈이 우습기도 하다. 막연한 바람이었으니 이루려 애쓰지도 않았을뿐더러 이루어지지 않아도 그만이었다.

가톨릭 신자인 나는, 수녀로 사는 삶이 결국 도달해야 할 지점이라 결정하고 자연스레 가고 있었다. 신께 봉헌되는 삶을 간구하였다.

이제나저제나 기회를 보다 어머니께 말문을 열었다.

"어머니, 나 먼디 가도 혼자 살아 지쿠과?"*

"난 니 어시민 혼자 …."*

딸이 왜? 묻는지도 모르는 채, 말끝을 채 잇지 못하시고 얼버무렸다. 비스듬히 시선을 놓아 껌뻑이는 눈꺼풀이 파르르 떨리는 듯했다. 겨우 뱉어낸 풀죽은 대답은 들릴 듯 말듯, 노구를 지탱하고 마당을 더듬거리셨다. 의견을 타진할 때부터 약해진 마음은 더는 맥도 못 추고 막내딸을 당신 곁에 주저앉혔다.

소설 「달콤쌉싸름한 초콜릿」에서 멕시코의 풍습은 어머니가 돌아가실 때까지 보살펴 드리는 일이 막내딸의 몫이라 한다. 주인공 티타처럼 사랑하는 연인이 있어도 결혼을 할 수 없는 비극이 나에게는 없었으니 신의 은총이 아닌가.

필시 신께서는 효도의 길로 이끄셨을 터이다. 내 원의 대로 이루지 못한 수녀의 길 언저리를 서성이기도 했지만, 미련을 접는다. 홀로 가는 자리 믿음으로 단단히 디디고 오롯이 신을 향하여 전진해야만 결국 완성에 이르지 않을까.

독신으로 사는 삶은 신의 뜻이겠지. 예상치 못한 방향으로 삶이 흐르는 것을 운명이라 해야 할까.

전화위복轉禍爲福

욕망이 과도하면 화를 부른다. 식탐 때문일까. 초저녁부터 복부의 통증과 구토 증상으로 배를 움켜쥐고 새우처럼 허리를 구부리고 견뎠다. 고통이 진정되기를 기다리고만 있었으니 얼마나 무지한가. 사위는 어둠에 잠겼는데 전기 스위치도 누를 수 없이 통증으로 구부린 허리를 펼 수가 없었다.

건강하게 살 땐 몰랐던 사실이다. 혼자 사는 공간은 아무도 도와줄 사람이 없는 섬처럼 고립된 곳이었다. 결국, 언니에게 전화를 넣었다. 아프다고 구구절절 설명할 수도 없는 급박한 상황이란 걸, 끙끙대는 목소리로 파악하고 가족들이 달려왔다. 피는 물보다 진하다는 말이 맞다.

CT 촬영을 하고 결과가 나오는 시간까지 의식은 더욱더 또렷해지면서 암에 대한 공포로 장편 소설 한 편을 쓰고 있었다. 꽂꽂하게 긴장된 시간이 흐른다. 그때 귀에 꽂히는 "맹장염"이라는 의사의 말에, 독립을 선언하여 해방을 맞이한 우리 선조들의 기쁨이 이랬을까. 속으로 만세를 불렀다.

건강은 건강할 때 자만하지도 방심하지도 말라는 표어가 오래전에 전봇대에 붙어 있었는데 인제 뇌리에 콕 박힌다. 오전 10시쯤 햇볕을 쬐며 걷기만 해도 병의 90%는 낫는다는데 알면서도 매번 작심삼일이었던 이 결심, 가슴에 턱 걸어 놓는다.

내 운명에 버거운 무게는 지우지 말아야 한다. 감당할 수 있는 짐을 지워 나르기엔 오직 건강만이 화두이다. 누구나 그러하겠지만 평생에 맹장 수술을 하리라고는 꿈에도 예상못한 남의 일이었다. 고통은 짧게 지나가고 적당히 타협하던 건강 불감증에 계엄령이 선포된다. 전화위복轉禍爲福이다. 아무리 생각해도, 암이 발병되지 않았으니 얼마나 다행인가.

견물생심見物生心

긴 줄을 서서 계산대에서 차례가 되길 기다린다. 조급한 마음이다. 한국 사람 아니랄까 봐 빨리빨리를 입에 달고 있다.

점원에게 계산서를 받고 후다닥 집으로 왔다. 찬찬히 계산서를 훑어보는데 돼지고깃값이 찍히지 않았다. 웬 횡재인가. 운수 좋은 날이네. 6천8백 원의 불로소득에 순간 모르는 척하고 싶다. 큰 금액도 아닌데 괜찮을 거라고 슬쩍 한쪽 마음이 타협한다. 점점 마음이 두 갈래 길을 넘나드는데 복잡한 심경이다. 고해성사를 보며 속죄하는 가톨릭 신자가 고작 6천8백 원에 족쇄에 갇힌 신세가 되어야 하는가.

마트에 일단 전화로 이러저러하니 그리 알라 하고, 다음날 방문하였다. 6천8백 원을 지불하고 돌아서는데 마트 직원이 불러 세운다. 무엇이 잘못됐나 멈칫하는데, 돼지고깃값에 곱절이나 비싼 치즈케이크를 내민다. 네 귀가 반듯한 상자에 꽃 코사지가 장식된 케이크를 받기엔 선뜻 손을 내밀지 못한다. 상선벌악賞善罰惡이라더니 상을 받아도 되는가.

고매한 영혼이라고 혼자 단정 내리고 살았다. 윤리, 도덕을 중히 여기며 깔끔하게 산다고 자부하지 않았는가. 나는 절대 아니라고 남을 판단한 날이 부지기수였다. 견물생심見物生心이라더니 나와 맞닥뜨린 욕심과 이성의 투쟁은 잠깐이었지만, 내 그릇이 고작 그만큼이라니. 배곯아 사는 것도 아니건만 아직 커가는 아이라 실수를 하겠는가. 자신을 아는 사람이 드물다 했거늘, 생각할수록 혼자 낯 붉어진다. 치즈케이크 한 조각 입에 넣는데 어찌 이리 씁쓸한가.

산다는 건 예기치 않은 장애물을 건너야만 되는 것임을 아는데, 지금 절실히 깨닫는 건 조금 덜 무너지면 그나마 그게 행운이다. 살면서 나는 아니라고 단정지을 일이 있겠는가.

* "어머니, 나 먼디 가도 혼자 살아 지쿠과?": "어머니, 저 멀리 떠나도 혼자 살 수 있겠어요."의 제주어.
* "난 니 어시민 혼자 …." : "나 네가 없으면 혼자…."의 제주어.

금잔옥대

✿ 내가 제일 좋아하는 꽃이다. 가운데 노란색의 금잔 같은 꽃잎이 달려 있고 그 안에 암술, 수술이 있다. 옥 잔대처럼 금잔을 받쳐 든 흰색의 여섯 잎, 기다란 꽃대, 잎사귀마저도 가녀리다. 금잔옥대라고 부르는 수선화다.

겨울이면 마당가 돌담을 의지하고 거센 바람 속 눈이 쌓인 틈새로 얼굴을 내민다. 칼바람쯤은 무심하겠다는 듯 초연하다. 꽃대 하나에 여러 개의 꽃송이가 피어 있어 같이 추위를 견딜 수 있으니 다행이다. 어쩌다 꽃대 위에 홀로 핀 꽃은 무리 속에서도 돋보인다. 혹한에도 웃는 꽃, 바람과 더불어 춤을 추는 꽃이다. 바람결에 언뜻 다가오는 꽃의 향기는 어떤 인위적인 향수보다도 명품이다. 후각이 호강한다.

차를 즐기는 친구 집에 마실을 갔다가 마당에 널려 있는 금잔옥대를 만났다. 지천이 꽃이다. 안부를 묻곤 하는 꽃이기에 얼마나 반가웠는지 몇 포기 캐달라고 하였다. 우리 집 마당으로 옮겨 심은 꽃을 보며 주절주절 대화를 한다. 내게 이렇게 그리운 이가 있었는가. 곁에 두면 그리움이 덜할까. 거처를 옮긴 꽃은 내 그리움에 화답해 주어 겨울이면 영롱한 얼굴로 마주한다.

눈 속에 꽃을 기다리는 건 못할 일이다. 나는 떨고 있고 수선水仙은 의연하다. 안쓰러운 마음으로 이제나저제나 꽃대가 올라오는지, 꽃망울이 맺혔는지 쪼그려 앉아서 가만 응시하곤 한다. 그저 바라볼 수만 있어도 좋다. 꼭 꽃을 피우리라는 확신이 있기에 기다림이 길어도 서운하지 않다. 기다리고 기다린 덕에 드디어 가슴 울렁이는 기별을 전해 준다.

김영갑 갤러리를 간다. 지난겨울 그곳에서 눈 속에 무리 지어 강인하게 겨울을 견디는 꽃을 봤다. 그 강인함이 나에게도 전이되어 여태 잘 살아낼 수 있지 않았던가. 겨울이 되니 품고 있던 꽃의 여운이 불현듯 되살아난다.

출입구를 들어서는데 바람도 어디론가 숨어버리고 한가롭게 노닐고 있는 금잔옥대를 만난다. 똘망똘망한 꽃에 홀려 추위에 움츠러들던 육신이 스르르 녹아버린다. 딸바보 되는 부모 마음이 이럴지도 모르겠다. 이 정경을 그냥 흘려보내기엔 눈에 밟혀서 핸드폰으로 동영상을 찍는다. 지인들에게도 보내주고, 어느 날 문득 동영상에 찍힌 이 겨울을 추억하리라.

갤러리 안은 따스하다. 생전에 작가의 모습을 비디오로 만날 수 있다. 바람 속에서 찰나를 포착하려는 그가 보인다. 카메라 하나를 들고 치열하게 살아내던 생전에 모습 그대로 생생하다.

그가 떠난 이곳, 굳어 버린 근육의 무게만큼 아픔을 품고 있는 사진들이 있다. 그 아픔 때문일까. 사진 한 점 한 점에 오래 머무르게 된다. 그가 가르쳐 주는 기다림의 미학. 피사체를 향한 그의 도전은 처절한 투쟁이었다. 해가 뜨면 카메라를 메고 떠돌다, 한곳을 응시하고 서 있어야만 하는 그에게 신은 찰나의 위대함을 보여주었다. 오래 기다린 자의 승리다.

언젠가, 갤러리에서 만난 그가 했던 말이 떠오른다. 사진을 구매하고 간 사람들이 사진 대금을 입금해 주지 않는다고 하소연하였다. 루게릭병 때문에 말조차도 어눌해졌지만, 그 내용은 또렷하게 들려왔다. 병보다 더 깊은 상처로 씁쓸해하던 그 표정을 잊을 수가 없다. 얼마나 잔인한 일인가.

잠시 그를 추억하다 갤러리를 나오는데 바람 속에 서 있는 금잔옥대 무리를 다시 만난다. 목도리를 단단히 여미며 목을 감싸는데 꽃들은 주인을 애도하는 마음을 알았을까, 바람이 무색하게 경건한 자세다. 저 무리 속에 문득 그가 서 있는 것만 같다. 꽃처럼 그는 영원히 피어날 것이다. 한 다발의 금잔옥대를 그의 영정에 바치고 싶다.

마당을 배회하는 바람에 주체못해 쓰러진 꽃이 보인다. 가늘고 긴 허리가 꺾여서 그냥 두면 누워 있는 채로 시들어 버릴 것이다. 꽃을 어떻게 소생시킬까. 중환자실로 옮겨 심폐소생술이라도 시켜야 할 상황이다. 수술실 의사가 메스를 대는 심정으로 조심스럽게 쓰러진 꽃을 자른다. 나를 살게 하는 꽃이기에 꼭 살려내야만 한다.

화병에 꽂아둔 꽃은 며칠이 지나도 싱싱하다. 나는 금잔옥대를 품고 산다.

갈칫국 유감

✤ 갈치가 풍년이라는 기사가 신문에 실렸다. 수협에서 어제까지 싸게 판다는 내용이다. 이미 지나간 뉴스다. 달팽이처럼 꾸물꾸물 기어가는 삶이라 이런 좋은 소식도 지나고 난 다음에야 알게 된다. 놓치고 나니 갈칫국이 왜 이리 입에 당길까. 수협에 다니는 지인의 핸드폰 번호를 누르다, 문득 그때 일이 떠올라 접는다.

노환 중인 어머니를 모시고 살 때였다. 무엇을 해드리면 맛나게 드실지 곰곰이 생각하다 예전에 어머니께서 좋아하셨던 갈칫국이 떠올라 입맛을 다시게 된다. 동네 어판장으로 한달음에 달려갔다. 얼음 위에 누워있는 갈치의 포스는 지금이래도 바닷속으로 던져 넣으면 헤엄칠 것처럼 기세등등했다. 그중에 저절로 눈이 가는 게 있어서 한 마리 샀다.

나만을 위한 시간이 허락되지 않은 채 직장 일에 허우적거렸다. 더군다나 요리해보는 것은 녹록지 않았다. 주말이면 늘어진 몸을 추스르기엔 잠이 구원이었다. 어머니는 잠에 취한 나를 깨워 먹이를 물어다 주는 어미 새처럼 음식을 먹이곤 하였다. 그저 새끼 새처럼 입을 벌려 덥석 받아먹은 나였다.

어김없이 무생채가 식탁 위에 한 보시기 놓여 있었다. 어머니는 무생채만 있으면 밥 한 공기 뚝딱 해치우는 딸을 위해 매번 채를 썰었다. 여름날 쏴 쏟아지는 소나기 같은 무생채는 어느 세공사의 걸작에 비길까. 어머니는 내가 밥을 다 먹을 때까지 지켜보며 더 먹어라, 더 먹어라, 거푸 되뇌더니 그제야 수저를 드셨다.

그날 식탁 위에는 오직 자식을 잘 먹이겠다는 일념만으로 차린 성찬이었다. 일확천금으로도 살 수 없는 그 정성을 단 한마디 표현도 없이 무심했으니 이런 비정한 딸이 이 세상에 또 있을까. 지금 내가 무생채를 만들려고 채칼을 이용해 보지만 무슨 요량으로 그 걸작을 모방할 수 있으랴. 맛도 모양도 흉내도 못 낸다.

갈칫국을 끓이겠다니 누워계시던 어머니가 옷매무시도 다듬고 기대어 앉았다. 기억을 더듬으며 어머니가 요리하던 대로 흉내 내 보건만 갈치 토막도 들쑥날쑥하다. 누런 호박은 성하지 않은 이로 드시기에 안성맞춤인데, 얼갈이배추를 넣었더니 녹색 빛깔이 푸르죽죽해졌다. 비린내에 마늘은 꼭 필요한 양념이다. 입맛을 돋우라고 칼칼한 고추도 집어넣고 소금으로 간을 보았다.

한 입 떠서 맛을 보는데 기억 속의 맛이 아니다. 또 한 입 떠서 맛을 보아도 어머니가 만들어 주시던 그 익숙한 맛을 찾을 수가 없다. 갈치는 흐무러졌고 자꾸 맛을 보다 보니 미각이 둔해져 무슨 맛인지 모르겠다. 재료는 다 들어갔는데 왜 맛이 안 날까. 허둥대다 번쩍 조미료 생각이 났다. 마지막 보루로 조미료 약간으로 맛을 돋우고 태연한 척 어머니와 밥상에 마주 앉았다. 몇 수저 뜨더니 식사를 못 하시고 방으로 들어가는 게 아닌가. 갈칫국에 조미료를 넣었으니 입이 짧으신 어머니의 입맛엔 영 맞지 않았나 보다. 나도 입맛이 싹 가셨다.

등을 돌리고 누우신 어머니의 마른기침 소리가 탄식처럼 들려와 내 귀를 후벼팠다. 아무 말씀도 없으시고 숨소리조차 들을 수 없는 정적이 흘렀다. 얼마만의 갈칫국인가. 이미 상황을 짐작하기에 어떠한 말씀도 드릴 수 없었다.

얼른 상을 물렸다. 냄비를 들고 뒤편으로 나갔다. 이 사태를 짐작이나 하는 듯 떨리는 목소리로 울고 있는 고양이에게 휙 던져 주고 말았다. 쓰레기통 속으로 떨어지는 조미료 통이 조각이라도 나면 좋겠다. 냄비 위로 콸콸 쏟아지는 수돗물처럼 통곡이라도 하면 후련하겠다.

어머니께 후딱 흰죽을 끓여 드렸다. "괜찮다. 나는 괜찮다. 속이 조금 안 좋아서…." 라고 둘러대신다. 노환 내내 드신 흰죽이 물릴 만도 하건만 애써 한 그릇을 비우셨다.

지금 돌이켜보면 물 가늠을 못 하여 맛을 못 냈나 보다. 눈대중으로 레시피를 대신한다는 게 하루아침에 될 일은 아니지 않는가.

시간은 서둘러서 흘러가는데 반복되는 무던한 일상이 급한 것도 없다고 제자리에 머무르게 하였다. 독수리도 30여 년이 되면 부리를 바위에다 비벼서 새 부리로 바꾼다는데, 삶을 공들일 생각도 못 하고 무감각하게 살아버린 세월이었다. 무수한 실패를 겪어야 완성에 이르는데 어찌 척 되기를 바랐을까.

신문 속에 갈치 상자들이 첩첩 쌓여 있다. 값싸면 무슨 소용이 있겠는가. 비늘이 없는 갈치는 어머니 제사상에 올리지도 못 하는걸.

빨래

장마로 연일 비가 내려 하늘과 땅이 수직으로 연결된다. 창밖만 기웃거리며 비가 그치기를 바라지만 마음은 더 젖어든다. 찬란한 햇빛이 비치는 나날일 땐 소중한 줄도 모르고 무감각했었다. 감사하다는 생각을 한 번도 해보지 못한 햇빛에 대하여 죄송스럽다. 영원히 머물 것도 아니건만, 피할 수 없는 섭리라고 마음 돌려먹으니 수월하다.

모처럼 햇볕이 비쳐 뽀송뽀송하다. 그래도 대자연의 이치인데 흔적은 남기지 않겠는가. 장마가 옷장에 퀴퀴한 냄새를 남겼다. 세탁기 속으로 옷들을 훌훌 채워 넣는다. 빈 옷장이 널널하니 마음도 홀가분하고 지겹던 장마가 도리어 고맙다. 핑계에 옷장을 정리하게 생겼으니.

장마 동안 무료했던 세탁기가 때를 만난 듯 물을 첨벙거리는 소리가 세차다. 덩달아 청소기도 시끌벅적하다. 이게 사람 사는 세상이지 싶다. 딩동댕, 빨래가 끝났다는 승전보가 들려오면 세탁기 문을 열고 숨통을 트여준다. 오염된 몸체를 정화시키려 낮추어 들어간 밀실에서 치이고 구겨졌기에, 탈탈 털어주면 구김살 펴져서 말끔하다.

직장에서 낮추어 비비는 일에 익숙지 않아 자존심만 상했던 일이 떠오른다. 세월이 흐른 이즈음에 그깟 자존심이 무슨 대수였는지 옛말을 한다. 구겨진들 영원하지 않다는 걸 몰랐으니 어차피 출세할 운명은 아니었다고 피식 웃고 만다.

빨래에서 풍기는 내음은 지상 최고의 미녀가 뿌리는 향수에 비견할까. 후각에서 폐부로 흡수되는 향기에 홀딱 빠진다. 후각이 느끼는 향기의 최고치, 시각으로 찍히는 청결함의 극치, 마른빨래를 갤 때 기분의 최상급, 이 장점들은 어떤 수치로도 나타낼 수 없는 무한대이다.

이 모든 것들은 가느다란 빨랫줄 하나에서 이루어진다. 인간이 욕심을 채우기엔 얼마나 넓은 영토가 필요한지 한도 끝도 없다. 그 영역을 확장하다 실패하는 경우도 허다한데 과도한 욕망을 채우기에 급급하려는가. 자신의 한계를 인정하고 스스로 내려놓을 수 있다면 행운일지도 모른다.

빨래방을 이용하면 이불처럼 부피가 큰 빨래는 건조까지 시켜서 나오는 첨단 시대이다. 빨래가 끝날 때까지 여가도 즐길 수 있으니 덤으로 주어진 시간이다. "세상 점점 좋아져서 오래 살고 볼 일이다." 하신 어머니 말씀 문득 떠오른다.

내가 소싯적엔 여자아이가 성년이 된다는 건, 조막손으로 조물조물 빨래할 때부터이다. 어머니가 빨래하던 모습을 흉내 내며 큰 빨랫감에 비누를 묻히려면 손이 작아서 미끄러지기 일쑤였다. 겨우 비누칠을 하고 빗살무늬 빨래판에 비벼대느라 한참을 뭉그적거렸다. 어머니가 하시던 대로 막개*로 탁탁 두들겨 빨았다. 힘에 부쳐서 막개질을 제대로 할 수나 있었는지, 서투른 솜씨지만 궂은 물이 빠져나왔다. 맑은 물이 나올 때까지 헹구면 꼭 짜는 과정은 어머니가 도와주셨다. 제법이라며 이제 다 컸다고 어머니께 칭찬을 들었던 기억이 난다. 함박웃음을 웃던 어머니의 표정, 엉덩이를 도닥여 주던 그 손길이 지금도 온전히 남아있다. 그때의 마음은 한껏 성숙한 여자의 역할을 해내고 있다는 뿌듯함이었다.

옷에 묻은 먼지, 오물들은 빨아내면 그만이지만 일회성인 삶은 돌이킬 수 없다. 빨래를 빨아내듯 마음에 묵은 허욕들을 현실에 맞게 툭툭 털어내는 작업도 필요하다. 다 놓아버리고 아무런 바람도 없이 주어지는 대로 살면 그만이라고 마음을 접기도 한다. 인생무상이라고 허무한 외침도 마음 밑바닥에서 올라오지만, 행복을 향하여 고단하게 돌아간다. 마치 잔뜩 쌓인 빨래를 담고 세탁기가 돌아가듯이.

돌아가던 세탁기가 덜커덕 소리를 낼 때면 고장이라도 났을까. 흠칫 놀란 가슴으로 지켜보는데 세탁기도 숨을 고르는 듯 다시 윙 돌아가다 턱 멎는다. 탈수를 위해 애쓰는 소리였다. 마지막 순간까지 최선을 다하려 세탁기가 용을 쓴다.

살아내는 일도 이러하지 않을까. 치열한 순간이 지나야만 원하는 지점에 도달할 터이고, 제 깜냥껏 깨달음에 이르러 내려놓기도 할 터이다.

건조해서 나온들 햇볕이 쨍한 날 건들건들 바람에 말리는 것만 하겠는가. 쭈글쭈글한 몸 베란다 건조대에 허리 폈다 내려

온 게 어디인가. 귀퉁이를 맞추면서 반듯하게 접노라면 그럭저럭 살지 말라 한다. 차곡차곡 제자리에 틀어 앉히니 천방지축할 일이 무엇 있으랴. 대단한 것을 바라던 삶은 온데간데없다.

* 막개: 빨래할 때 쓰는 '방망이'의 제주어.

시처럼, 노래처럼, 그림처럼

훌쩍 어디론가 가고 싶다. 야단스럽게 보낼 일은 아니지만, 미미한 성탄절이 될 것 같아 술렁거린다.

여행을 떠나 온 것 같은 이국적인 분위기, 인근 호텔로 간다. 가끔 투숙객처럼 앉아서 커피도 마시고 새로운 여정에 취하는 곳이다. 금전적으로 부담스럽지만 혼자 가기엔 이만한 곳이 없다. 이런 축제 같은 날은 겉치레라도 하면 위로가 된다.

성탄절 이벤트로 서울에서 내려온 뮤지컬 가수들의 무대는 현란하다. 휴가를 온 이들이 신명나게 노래 부르는 가수들에게 시선이 꽂혀 있다. 가만히 앉아 있기엔 들뜬 몸을 주체하지 못해 모두 가볍게 흔든다. 나도 덩달아 구둣발로 토닥토닥 박자를 맞춘다. 낯선 이들과도 한마음이 되기 쉬운 건 노래에 의해서다.

흥에 겨워 가볍게 몸을 흔드는 노년의 부부가 시선을 끈다. 즐기는 모습이 크리스마스트리에 걸린 불빛처럼 반짝거린다. 저들은 나이나 체면은 의식하지도 않은 아이 같은 몸놀림이다. 이 시간은 영영 머무르지 않기에 원 없이 한참을 몰두한다.

어디에서든 흐트러질까 봐 자세를 고치곤 한다. 타인들의 시선을 의식하여 한치의 틈새도 보이지 않으려 나를 가둔다. 틀에 갇혀 에너지를 소모하고 있는 내가 저들에게 동화된다. 저 부부는 어두운 시절이 있었을까. 이름도 모르고 어디에서 왔는지 모르는 노년의 부부를 통하여 자유로워진다. 미완의 삶을 채워 줄 자본을 얻은 기분이다.

문정희 시인의 「나무 학교」를 읊어본다.

> 나이에 관한 한 나무에게 배우기로 했다.
> 해마다 어김없이 늘어 가는 나이
> 너무 쉬운 더하기는 그만두고
> 나무처럼 속에다 새기기로 했다. (후략)

굳이 나이를 염두에 두어서 살지 않을 수 없을까. 쉬이 갈등하지 않고 큰 것을 바라느라 진을 빼지 않은 평상심으로, 아직은 무엇이든 할 수 있는 나이가 아닐까.

낚싯대를 드리우고 물고기가 미끼를 물어주기를 기다리는 강태공처럼 나의 인생 이모작 수필 쓰기에 정진하련다. 더디 온들 혹시, 운이 좋아 월척의 기쁨이 올지도 모르는데 서두를 게 무엇이랴.

경기도 미사리에 있는 라이브 카페에서 가수 S의 노래를 들었다. 서울에 사는 친구 부부가 모처럼 도시로 나들이를 했다고 특별한 곳으로 안내했다. 내가 좋아하는 가수다. 그의 노래 「사랑이야」를 주저 없이 신청했다.

카페 안은 그의 노래에 만취해서 모두 리듬을 탄다. 취한 술은 하룻밤이면 깨지만, 노래의 취기는 영원히 사라지지 않는다. 먼 길 떠나와 낯선 곳에서 목도하는 장면도, 가슴에 흐르는 가락도 다시 못 올 낭만이다. 꼭 자기들의 사연인 양 마음은 시냇물처럼 멀리멀리 퍼지고 있었다. 중년인 내가 풋풋한 청춘처럼 "오빠"를 외치며 환호할 수는 없었지만, 라이브로 듣는 그의 목소리에 홀려서 무심결에 흥얼거렸다.

앞에 앉아 있는 친구 부부도 어깨에 살포시 손을 올려놓은 모습이 보인다. 저들은 각자 다른 환경, 개성대로 살아온 방식을 타협하느라 아파하고 도닥이며 여기에 이르렀을 터이다. 조율이 잘된 친구 부부의 화음이 노래만큼이나 아름답다.

한 해의 마지막 날이다. 마지막이라는 어감은 쓸쓸하기도 하고 의미심장하다. 잘 살아냈는지 아쉬움과 뜻깊게 마무리하고 싶은 마음이 공존한다. 무엇으로 새길까.

얼마 전에 오픈한 S 갤러리를 간다. 사각의 틀에 유화 물감으로 두툼하게 여백을 가득 채운 초록빛, 그 사이사이 나부끼는 흰색의 점들. 혼의 그림 「속삭임」 앞에 머문다.

바람 부는 날 숲속의 나무들은 떨면서 대화를 한다. 화가는 그들의 이야기를 들었다.

"나 추워."

"나 좀 잡아줘."

삽시간의 바람으로 숲은 혼돈이지만 하늘을 향해 꼿꼿이 서 있던 나무들은 서로 몸을 비빈다. 화가는 그림 한 점을 완성할 때마다 사랑이 화두였으리라. 한참을 그림 앞에 머물다 돌아서는 게 아쉽다.

무엇을 붙잡으려 치닫기만 한 삶, 얼마나 절실했던가. 마뜩잖은 결과 때문에 막막하다. 내가 세워 놓은 계획, 내가 허물어도 되는 것인데 그것마저도 못하고 부여잡고 있다니. 모자란들 살며시 놓아버리자고 타협한다.

다시 시작이다. 올 한 해도 나를 이끌어주는 신께 온전히 맡긴다. 시처럼, 노래처럼, 그림처럼 살고 싶다면 욕심일까.

변신을 꿈꾸다

일 년에 한 번 작정한 날이다. 여름에는 긴 머리를 질끈 묶고 다니다 가을이 들면 농부들이 가을걷이하듯 머리를 단장한다.

모처럼 시간을 쪼갰다. 얼굴의 주름이 자꾸만 신경 쓰여 헤어 스타일로 살짝 위장하고 싶다. 엊그제 만난 친구에게 절세가인보다 세월의 흔적을 자연스레 받아들인 자연 미인이 어떠냐고 훈수를 두던 것은 어찌하고, 별수 없이 속물인가.

파마를 잘한다는 미용실을 소개하며 친구는 자기만 알고 있는 곳이라고 은근히 과시한다. 서둘러 예약을 하는데 벌써 설렌다.

"어떻게 해드릴까요?"

"긴 머리 조금만 정리하고요. 세팅 파마로 해 주세요."

머리를 자를 때는 안경을 벗어야 한다. 눈을 떠도 보이지 않으니, 차라리 편안하게 눈을 감아 버린다. 미용사에게 모든 것을 믿고 맡긴다는 제스처이기도 하다.

미용사의 가위질 소리가 큰 역사라도 치르듯 정도 이상으로 사각거린다. 이내 세면대로 미용사의 손에 아이처럼 이끌려 간다. 따뜻한 물이 머리를 헹구어 내고 미용사의 통통거리는 마사지가 머리를 스치는데 졸음이 몰려온다.

편안함도 잠시, 세팅 파마기가 머리끝을 잡아당기고 머리를 타고 목덜미로 주르륵 흐르는 파마약이 불쾌하다. 부동자세로 얼마나 시간이 흘렀는지 허리가 뻐근하고 등줄기에서 목울대까지 저릿하다. 이런 곤혹이 싫어서 미용실을 벼르고 벼르다 더는 어쩔 수 없을 때 그때 찾는다. 이 순간에 싱겁게 "아픈 만큼 성숙한다."는 유행가 가사가 떠오를까. 돈을 내고 불러들이는 아픔이니 아이러니다.

쉴 새 없이 오고 가는 미용사의 손길이 걸작이라도 탄생시키려나 부산하다. 머리가 다 됐다는 소리에 안경을 꼈다. 거울을 보는데 잘못 보았나. 거울에 바싹 얼굴을 비춰보는 순간, 단발로 싹둑 짧아진 머리. 심장에서 쿵 하는 소리가 들린다. '조금만'이라고 힘주어 말했건만. 바닥에 떨어진 머리카락이 아프다고 아우성을 쳤는지 헝클어져 있다. 짧아진 머리를 앞으로, 옆으로, 뒤로 거울에 비춰보지만 어찌하면 좋을까, 졸작이다.

소싯적에 숏커트를 해서 개성을 드러낸 적도 있었지만, 긴 머리는 여성성을 지탱해 주는 버팀목인 양 부여잡고 있었는데. 긴 머리를 곱게 빗고 꽃핀을 꽂을까, 반짝거리는 큐빅이 박힌 핀을 꽂을까, 공들여 나를 그렸었는데, 아직은 그러고 싶었는데….

머리를 만지는 손이 허전하다. 마음도 씁쓰레하다. 낯선 모습에 쉽사리 적응될 것 같지 않아 붙일 수만 있다면 그러고 싶다. 입을 앙다물고 무표정한 얼굴로 나오는데 눈치 빠른 원장이 연신 허리를 조아리며 죄송하다고 되뇐다.

"더 어리고 예뻐 보이라고 짧게 잘랐어요."

등 뒤에서 풀죽은 미용사의 목소리가 들린다. '더 어리고' 그 말에 귀를 닫아 버리고 싶어 후다닥 미용실 문을 밀친다. 목덜

미도 마음도 가을바람보다 더 서늘하다.

눈가의 주름이 더 또렷해 보이는 오늘이다. 내 존재를 긴 머리로 드러내려 했으니 서글프다. 시간은 흘러서 야속하게 얼굴에 무늬를 새기는데, 세월을 돌리려 버둥대다 주름 한 줄 더 잡힐지, 지우려 하지 말고 마음이 소녀면 어떨까.

며칠 지나고 나니 만나는 지인마다 어려 보인다고 추어올린다. 빈말이 아니라는 친구의 호들갑엔 더 기분이 좋아졌다. 춘향이처럼 댕기 들이고 길게 땋아서 그네 뛸 거냐고, 과감하게 변신시켜 준 미용사가 얼마나 고맙냐고 한술 더 뜬다. 젊어졌다는 소리에 기분이 좋으면 늙은 거라는데, 나이 듦을 속일 수 없는가 보다. "호박에 줄 긋는다고 수박 되나." 왜? 이 오랜 속설이 오늘따라 가슴을 내리칠까.

짧은 머리가 익숙해질 즈음, 조금 길어지니 거추장스럽고 갑갑하여 미용실을 다시 들렀다. 사람 마음이란 게 간사하다더니.

"글쎄, 보면 볼수록 머리가 마음에 들어요."

계면쩍은 목소리로 시선을 엇박자로 휘젓는데 미용사가 눈을 맞추며 미소로 화답한다.

지루한 일상이다. 뻣뻣한 관절이 죄가 될지 우아하게 재즈 댄

스라도 배워 볼까. 칙칙한 피부에 광채라도 비칠 빨간색 립스틱으로 바꿔 볼까. 또 다른 변신을 꿈꾼다.

제4부

화양연화花樣年華

화양연화花樣年華

✤ 어느새 날이 이렇게 저물었는가. 하나, 둘 켜지는 불빛을 싣고 서 있는 어둠을 마주하는데 나도 시나브로 이울고 있지 않나. 쓸쓸한 생각 한줄기 스치는데 고독이 엄습한다. 이런 분위기는 애써 떨쳐 버리고 싶다. 내일은 어디인들 훌쩍 집을 나서 볼까.

봄꽃 중 단연코 제일은 벚꽃이다. 삽시에 터트려 놓은 절정에 홀려, "와!" 단 한마디로 찬사를 보낸다. 가지 위에 꽃들은 빈 곳 없이 들어차서 휘어질 법도 하건만 오히려 기세는 당당하기만 하다. 거리는 수십 와트의 전구를 밝혀 놓아 삶에 치인 행인들의 심신을 달래 준다. 꽃은 얇은 몸체이지만, 무리 지어 있을 때의 결집한 에너지는 무한하다.

내 인생의 가장 만발하던 시절, 꽃이 무색하게 자만하였다. 어느 자리에 있어도 충천하는 기세로 인기몰이를 하는 정치가처럼 스포트라이트를 받는 착각 속에 살았다. 막 피어난 꽃같이 생생하게 영원히 지지 않을 것처럼 그 기운은 어떤 경우에도 꿇리지 않는 등등함이었다. 나는 결핍투성이였지만, 에둘러 찬사를 아끼지 않는 사람들의 말을 들으며, 어리석게 과시하고 다녔으니 얼마나 무모한 일이었는가.

바람에 꽃잎이 가벼이 떨어진다. 기를 쓰지도, 애쓰지도 않은 꽃잎의 순응이 가상하다. 낙화한 꽃잎들은 땅바닥에 편안히 몸을 뉘었다. 보석이 박힌 듯 떨어진 꽃잎에 눈길을 뗄 수가 없다. 소싯적 솔잎 가지에 꽃잎들을 꼭꼭 끼웠던 추억 한 도막 떠오르게 하는 순간이다.

꽃처럼 순응하는 것에 익숙해지려, 사소한 것들로부터 편안해지려 한다. 움켜쥐었던 마음 스르르 펴면 누구 좋은 일인가. 결국, 나를 위한 일인데 혼자 진을 빼는 일은 어리석다 단정짓는다.

어느 글에서 “자신이 올바로 살고 있다는 확신과 착각은 가장 깨기 어렵다.”는 걸 읽은 적이 있다. 불현듯 아집을 부렸던 일이 떠올라 그때 그래야만 했을까, 혼자 계면쩍다. 합리화시키려 하지만 양심의 저울은 분명하게 가늠하여 씁쓸하다. 되돌아가 백지로 만들 수는 없지만 고집한 일들을 성찰한다.

비가 흩뿌리더니 맥없이 꽃잎이 진다. 생명력이 유지되는 건 짧은 기간이다. 아낌없이 자태를 발산하다 비바람으로 무너져 버린다. 꽃들의 몸체가 물기를 머금은 채 거리를 덮어 놓았다. 아직 더 피워내도 좋으련만, 강한 기운에는 당해내지 못하였으니 자연의 이치에 아쉽기만 하다. 떨어진 꽃잎에 연민을 보낸다. 바라보는 나는 이렇게 허전한데, 꽃은 다 내어놓고도 아직도 호흡하는지 생명이 느껴진다.

거리에 서서 꽃 진 자리를 더듬는다. 나무는 빈 가지를 보듬고 아무런 일도 없었다는 듯이 의연하다. 안쓰러운 마음을 진정시키며 꽃 피어 화려했던 순간만을 기억한다. 꽃 떨어져 몸을 바닥에 뉘어도 한 시절 만발하게 살아냈으니 아름답지 않는가.

인생을 고해苦海라 했는가. 치열했던 시간 붙들고 이제 흔들리지 않고 살 수 있으면 좋겠다. 어떠한 것도 실수를 용납하지 못하고 버둥거릴 땐 온통 긴장 속에 남에게까지 피해를 주게 된다. 조금 모자라게 처리해도 모두 관대하건만, 완벽주의라는 고질병의 명약은 '삶을 즐기자.'로 귀결시킨다.

때로는 낯선 길에 들어서서 출구를 찾지 못하듯 절망이 엄습할 때면, 한고비 넘겨서 내일은 꼭 웃을 수 있기를 간절히 기도드렸다. 신의 가호로 쨍하고 해가 비치는 날은 안도하며 또 하루를 보냈다. 나락으로 떨어져 뒹굴어도 반사적으로 추스를 수 있는 관성의 법칙처럼 삶은 살아지는 것이었다.

삶의 고통은 누구의 탓도 아닌 나에게서 원인을 찾아낸다. 모든 것은 다 지나간다 했거늘, 고통의 자리는 어렴풋하게 희미하다. 미숙하나마 완숙의 길로 걸어가고 있으니 신의 은총이 아닌가. 그 순간들이 있었으니 내 인생의 가장 아름다운 시절을 남겼다.

어찌 꽃이 졌다고 슬퍼만 하랴. 다시 피워낼 꽃의 회귀를 진득하게 기다린다.

국수

국수掬水는 한 움큼 집어서 삶은 면을 물로 헹구어 건져 올린다고 하여 국수라 부른다. 면麵이라고도 한다. 국수는 홀로 존재할 수 없는 음식이다. 흰색의 고고함이 독야청청 외로운 길이기에, 시집보내듯 연지 곤지 찍어 고명을 올리면 어떠한 것과도 잘 어우러져 맛깔 난다.

수복이 길게 이어지라고 생일, 회갑, 잔칫상에 국수를 올렸다. 결혼 적령기엔 "국수 언제 먹여 줄 건데?"라고 묻는 말에 먹지 않아도 국수가 물릴 정도였다. 추모하는 마음 오래 간직하라고 돌아가신 조상님 제사상에 올리기엔 긴 가닥의 국수만 한 게 없었다.

국수의 종류는 멸치국수, 콩국수, 잔치국수, 비빔국수, 칼국수, 차가운 국수인 냉면 등 다양하다. 향토 음식으로 제주도 고기 국수, 강원도 메밀 막국수, 부산 밀면, 안동 건진국수, 옥천 생선 국수, 포항 모리국수가 있다. 이 국수들을 언제 다 맛볼 수 있을까. 맛 기행이라도 떠나야 할지, 입맛을 다시는데 침이 고인다.

열 명이 먹을 수 있는 음식 한 명은 못 먹어도, 한 명이 먹을 수 있는 음식 열 명은 먹을 수 있다. 어느 날 어머니께서 찬장에 조금 남아있던 국수를 간식으로 삶아서 내놓았던 기억이 난다. 고구마나 감자를 쪄서 간식으로 먹던 시절, 국수를 먹는다는 건 지금 같으면 외식처럼 들뜬 날이었다.

우리 형제들이 빙 둘러앉아 머리를 부딪치며 젓가락질을 해 대었다. 줄줄이 이어지는 국수 가닥을 잡아당기면서 놀이처럼 재미있었던 추억이 있다. 막내딸인 내가 젓가락질이 서툴렀지만, 국수 양이 모자라도 면발이 길어서 적게 먹은 줄도 모른 채 배를 불렸던 게 국수다.

밥은 하루도 거르지 않고 평생 먹어도 물리지 않는 음식이라지만, 때론 간단히 맛있게 먹을 게 없을까, 무엇을 해 먹을까, 갈등할 때도 있다. 그 순간 떠오르는 게 국수다. 예전엔 하얀 띠를 두른 타원형의 국수가 주방 어디에든 부스러기를 흘려 놓았다. 요즘은 녹차, 칡, 뽕잎, 백련초, 해조류 등 다양한 재료로 비닐 포장에 보관도 편리하고, 천연재료로 물들여 갖가지 색깔을 입힌 국수가 시판된다.

시장 보러 부산을 떨 필요도 없이 간단히 국수를 해 먹기로 한다. 끓는 물에 국수사리 빙 돌려서 풀어 넣고, 펄펄 끓으면 찬물 반 컵 부어 주고, 다시 끓어오르면 찬물 한 번 더 부어 준다. 국수 가닥이 투명해지면서 물위로 떠오르면 불을 끈다.

끓는 물 속에서 흐느적거리는 국수를 쳐다보노라면, 그 자유로운 유영에 엉킨 생각들이 돌아가면서 세파에 뒤틀린 심사가 풀리기도 한다. 숨을 몰아쉬며 참아내는 세상사가 얼마나 버거우냐며 완고하던 뼈대를 풀어헤치고 순리대로 살아라, 느슨하게 여유로워라, 유유자적하다.

물벼락에 면을 비벼 씻어주고 마지막에 얼음물로 수축시키면 면발이 탱탱하다. 헹구어 내다 몇 가닥 군입에 호로록 잡아당겨 먹으면 어떤 애피타이저보다도 일류이다. 국수사리 빙 돌려 사려 주고 넓은 국수 그릇에 올려놓으면, 가체 머리 같은 몸통이 언제 흐느적거렸던 적이 있었냐는 듯이 똬리를 틀고 있다. 저

부동자세를 긴 시간 놓아두는 것은 어리석은 일이다. 몸통이 불어서 비대해지기 전에 속히 먹어주어야만 하는 철칙이 있다.

감칠맛 나게 우려낸 국물 수북이 부어 주고, 고명을 올려놓으면 그 맵시에 매혹된다. 바로 이때가 아니면 국수가 맛있다 논하지 말지어다. 얼른 국물 먼저 들이켜 맛을 음미하고 젓가락으로 살살 돌려 국수사리, 양념, 고명을 섞어 준다. 입안으로 들어가는 국수의 면발은 탱글탱글 주르륵 끊기지 않고 레가토로 혓바닥을 연주한다. 국수 그릇 얼굴에 덮어쓰듯 고개 뒤로 젖히고, 국물 원 없이 들이켜고 나면 트림 소리로 크게 마침표를 찍는다.

후다닥 서둘다 설익은 맛에 당황스러운 적이 있다. 화력을 조절하여 뭉근하게 우려내어야만 진국이 되는 것처럼, 욕심 한 줌마저도 같이 넣어 푹 끓여 버리면 삶은 진미가 우러나리라. 해이해진 삶은 그럭저럭 흘러간다. 잘 살아내는 이의 삶을 우연히 엿보곤 긴장도 되더이다. 탱글탱글한 면발처럼 활력있는 일상으로 회전할 수 있으면 좋겠다.

나 중심의 삶에 갇혀 일방적인 일이 종종 있다. 정성을 들여 관계를 일일신日日新 해야만 하리라. 색색의 고명을 올리듯 어디에서나 누구와도 어우러지는 삶이 행복하지 않은가.

어머니와 트로트

모전여전일까. 번잡한 일은 피하려 하고 있으니, 혼자 TV 채널을 돌리면서 세상 밖 일을 살핀다. 어머니께서 생전에 그랬던 것처럼.

그땐 동네 마실이라도 다니시라고 어머니 등을 떠밀기도 했다. 전혀 어머니 생각은 고려하지 않은 일방통행이었다. 마지못해 느린 걸음으로 나섰다가, 사람들과의 수다에서 흡족하지 못했는지, 어느새 잰걸음으로 돌아오셨다.

리모컨을 이리저리 돌리다 가요 프로에 시선이 꽂혀 금세 화색이 돌았다. 동네 노인당에 나가시는 것도 마다하고 어머니께

허여된 유일한 낙인 트로트를 즐겼다.

금요일에는 일본 NHK에서 방송되는 엔카 콘서트를 즐겨 보셨다. 일제강점기에 보통 학교를 졸업하신 어머니의 통역으로 나도 곁눈질이라도 할 수 있었다. 얼마 동안 일본에 살았던 추억에 젖었는지 다시 갈 수 없는 아쉬움 때문일까. 그 시간엔 TV와 어머니 사이를 아무도 범접하지 못했다.

뜰에 갓 피어난 수선화 한 송이 화병에 꽂아 드렸더니 어머니 얼굴에도 덩달아 꽃 한 송이 폈다. 찻자리를 준비하는데 어머니가 보던 TV를 얼른 끄셨다. 차를 마실 때면 오디오에 CD를 올리고 음악을 듣는 딸을 위한 배려였다. 차 한 잔을 우려내어 차향에 젖고, 클래식을 듣는 순간의 무심無心이 무엇과도 견줄 수 없는 행복이라는 걸 아셨다.

"어머니, 오늘은 트로트를 들으면서 차 마실게요."

당신이 즐기는 트로트 프로를 양보하는 어머니께 나 역시 화답하고 싶었다.

지금은 그 빈자리 나 혼자 메우며 차를 마시고 트로트를 듣다 문득, 어머니 생각에 눈시울이 젖는다.

동네 노래방에 어머니를 모시고 갔었다. 흥에 겨워 삶의 애환을 돋우는데, 드디어 어머니께 반강제로 마이크를 쥐여 드렸다. 마다하시더니 좋아하는 가수 L 씨의 노래를 불렀다. 삶을 풀어내는 노랫가락에 나의 손뼉이 장단을 저절로 맞추고 있었다. 어머니의 목소리가 가수의 노래만큼이나 심금을 울렸다. 어머니 모습처럼 고운 목소리가 지금도 귓전에 맴돈다. 다시 모시고 노래방을 갈 수 없었다는 게 아쉽기만 하다.

어버이날이 다가오는 5월의 어느 날. TV 화면에 L 씨의 효孝 콘서트 광고가 나보다 먼저 어머니의 귀 언저리에 메아리친 듯하였다.

"제주도에서도 저분의 공연을 하는구나." 중얼거리셨다. 비록 육체는 쇠락하지만, 당신이 좋아하는 가수의 노래를 라이브로 듣고 싶어 하시는구나 혼자 짐작하였다. S석의 관람료를 흠칫 쳐다보는데 소슬한 통장의 잔액이 생각났다.

워낙 시력이 안 좋으셔서 핑계는 눈이었다. 가수의 실물을 보는 것도 한몫하기에, 앞자리에 앉아도 잘 보이지 않을 거라고 둘러대었다. 어머니는 아무 말씀도 없이 마당가를 배회하셨다.

그날 어머니의 의중은 꼭 가겠다는 것은 아니었을 것이다. L 씨가 제주에 온다는 사실에 설레었을 법도 하다. 그렇지만 콘서트를 가자고 진지하게 말문을 열었다면, 곤고한 현실이 걱정되어서 절대 가지 않겠다고 일축했을 것이다. 어머니는 늘 그랬으니까.

시력이 안 좋은들, 정작 중요한 건 소리가 아닌가. 심금을 울리는 소리에 에너지를 얻고 하루하루를 살아내시는데, 이런 모자란 결론을 내렸다니. 밥 네 끼를 먹자고 사는 것도 아니건만, 통장에 잔액을 덜어낸들 들뜬 잇몸 뿌리처럼 당장 흔들릴 것도 아닌데, 왜? 그랬을까. 어머니를 모시고 L 씨의 콘서트를 갔다면 이렇게 가슴 미어지지 않을 것을, 두고두고 후회된다. 후회라는 단어가 있어서 얼마나 다행인가, 이 말이라도 할 수 있으니.

한때는 트로트가 통속적인 문화라고 치부하며 별 관심이 없었다. 중년이 되니 유행가 가사가 내 이야기처럼 들려오고, 트로트 리듬에 심장이 뜨거워지기도 한다. 어머니처럼 나도 트로트를 즐긴다.

리모컨이 자석처럼 손에 붙는 날이다. 가수 L 씨가 얼마 만인가 반갑다. 남에게 위안을 주는 이의 모습은 저럴까. 세월도 비껴간 모습이다. 나 역시 그녀의 노래에 흔들리는데, 불현듯 어머니께서 불렀던 노랫소리가 얼기설기 가슴에 꽂힌다. 얼른 리모컨 정지 버튼을 눌러 버렸다.

더는 흐르지 못한 노래가 가슴에 고인다. 툭 끊긴 TV 화면처럼 적막한 마음이 에이어 눈물이 눈을 가린다. 귀가 있어도 다시는 트로트 장단에 동하지 못할 터이다. L 씨의 콘서트는 절대 갈 수 없는 비무장 지대다. 내 생애, 어느 가수의 트로트 콘서트에 갈 수 있을까.

머리를 휘젓는다고 기억이 지워질까, 젖은 가슴은 어찌하고. 그날, 5월의 어느 날로 돌아갈 수만 있다면.

행복이 온다면

오조리 바다와 땅, 해변을 무대로 '하늘 꽃 진언' 퍼포먼스가 열린다. 문우들과 무뎌진 문심文心을 키우려는 방편으로 서둘러 간다. '이 뭐꼬.' 화두 하나 던지는 심정이다.

하늘 꽃은 화려한 광채, 시들지 않는 생명력을 지닌 지고지선至高至善의 완미한 존재이다. 피어나는 삶, 춤추는 삶을 갈구하는 우리의 염원을 상징한다. 이 꽃의 본질은 행복이므로 나에게도 활짝 피어나길, 실타래처럼 술술 풀리기만을 바라본다.

해변에 둘러선 우리를 향하여 주최 측에서, "행복하고 싶은 사람은 횃불을 드세요."라고 선택을 주문한다. 예상치도 못한 행복이란 단어에 주저 없이 달려가 낚아채듯 횃불을 든다. 벌써 행복을 품은 듯하다.

행복이란 게 삶 궁극의 종점이기에 누구나 바라는 일이다. 횃불 하나로 행복을 얻을 수만 있다면 억만년이라도 들고 서 있고 싶다. 그렇지만 그건 간절한 염원을 밝히는 마음을 담는 일일 뿐이다.

지금 내가 어떻게 살고 있는가. 행복은 내 삶의 결과이다. 한세상 넘어지고 일어서며 거듭난 영혼이 얻어내는 게 행복이다. 결국 참 나를 찾아가는 길이 아닐까. 막연하게 행복이 찾아오기만을 바라고 있으니, 구체적인 선을 행하는 삶이어야 한다.

붉은 꽃을 나눠 준다. 횃불을 들지 못한 사람들이 꽃을 받아 드는데, 조금 기다릴걸, 저 예쁜 꽃을 든다면 버겁지 않겠다. 점점 횃불을 든 팔이 저려 온다. 여기서도 후회는 찾아든다. 성급하게 선택한 길이 늘 모자라서 뒤를 돌아보아야 할 때가 있다. 앞일을 예견할 수 있는 능력이 있다면 신의 경지가 아닌가. 옳다고 선택한 길이 결과가 못마땅할지언정, 그생각을 붙들고 안달하는 건 불행한 일이다. 그렇지만 가지 않는 길은 꼭 꽃길일 것만 같은 아쉬움으로 기웃거리게도 된다.

횃불을 밝힌 장대가 하늘 가까이 닿을 듯하다. 행복이 줄지어 행렬처럼 찾아오려나, 행진이 시작된다. 가느다란 팔이 그걸 들고 움직이기엔 균형을 놓쳐 기우뚱거린다. 점점 팔이 저리다 못해 아려 온다. 누구에게든 덜어달라고 건네주고 싶은 마음이 간절하여 눈길이 분주하게 움직이지만, 일행들은 빈손이 아니다. 네 개의 기둥이 지붕을 이고 지탱하듯, 이 순간 무거운 장대를 같이 들어줄 이가 간절하다.

퍼포먼스가 끝날 때까지 횃불을 들고 있지 않으면, 행복이 찾아오지 않을 것만 같은 불길한 예감이 들어 끝까지 버티려 한다. 시험 보기 전날엔 찹쌀떡을 먹어야 하고, 머리도 감지 말아야 시험을 잘 본다고 믿는 것처럼. 하나의 이벤트이기는 하나 거대한 의식을 치르듯 사뭇 비장하다.

간간이 심지가 연소하지 못하고 불길이 미미할 땐, 심정지가 되어 위급한 상황인 듯 안절부절못한다. 서둘러 옆 사람의 횃불에 심지를 대고 심폐소생술을 시켜 놓는다. 다시 연소하는 횃불은 이내 활기를 되찾아 활활 타오른다. 골든타임을 놓치지 않은 불길이 내 서늘한 가슴까지 뜨겁게 달구는데, 놓쳐 버린 소소한 행복일지언정 화염 따라 불같이 타오를 것만 같은 좋은 예감이 든다.

삶엔 곡예처럼 아슬아슬한 순간들이 지나간다. 서울에서 내려온 수녀님들을 모시고 관광을 시켜 드린다며 출발하는 순간, 낡은 자동차가 멈춰 버렸다. 어쩔 줄 몰라 당황할 때 박장대소하며 웃어 주던 수녀님들이 내가 울어야 할 상황에서 웃게 하지 않았던가. 긍정으로 전환하는 수녀님들의 맑음이 또 한고비를 무사히 넘게 한다.

디지털 시대에 자동차 열쇠마저도 친구들은 스마트키를 살짝 들이대면 출발하는데, 나는 묵직한 열쇠고리를 들고 다니고 있지 않는가. 남과 비교 하면 얼마나 초라한지, 위를 보지 말고 아래를 보라 한 말 더듬는다. 누구든 드러내 놓고 살지 않을 뿐 풀어 놓으면 구구절절 사연이 오죽 많을까.

드디어 목적지다. 장대를 땅에 내려놓고 몸살 앓은 팔을 겨우 펼친다. 시뻘건 불덩이에 달구어진 쇳물이 굳어져 칼이 된 듯 환성이라도 지르고 싶다. 다행히 지금까지 꺼지지 않고 활활 타오르는 저 횃불, 행복이 영원히 머물 것이라는 암시를 주는 듯 안도하게 한다.

퍼포먼스는 종료되고 함께 참여한 일행들과 나누는 술자리, 다시 횃불은 꺼질 줄 모른다.

수국과의 동거

산책길에 만난 마당을 조심스레 곁눈질한다. 나무들이 초록을 풀어놓아 시야가 말끔하다. 울타리 너머 수국이 카메라의 셔터를 응시하는 모델처럼 도드라져 눈을 뗄 수가 없다. 은근히 그 화려함에 빠져든다. 무리 지어 피어 있는 꽃 중에 한 송이만 꺾어다 집에 꽂아 놓고 싶다. 꽃 무더기에서 하나쯤 덜어낸들 무슨 흉이 될까, 그들이 외로울 리는 없지 않을까.

주인이 나오는지 목을 길게 빼고 두리번거리다 얼른 가지를 잡는다. 질긴 가지가 만만히 무너지지 않는다. 꽃도 자신의 모체에서 벗어나는 게 싫었는지, 바동거리는 꽃의 몸부림과 한참

힘겨루기를 벌여서, 겨우 한 송이 꺾을 수 있었다. 너덜너덜해진 가지에 생채기를 보면서 취했다는 기쁨보다 안쓰러워 보듬어 주고 싶다. 오직 이 예쁜 것을 윤택한 생존의 방편으로 집안에 들여놓으려 저지른 일이다. 나의 이기심이 극에 달한다. 그래도 꽃을 도둑질하는 것은 용서해 준다고 하지 않는가.

밤이면 창 너머 불빛을 보며 세상과 소통한다. 이중문을 닫아버리면 세상과 고립된 듯하여, 잠이 들 때까지 유리창 너머 불빛을 느낀다. 집마다 밝혀 놓은 빛의 기운으로 동그마니 홀로인 영혼이 위로를 받는다. 독신으로 산다는 것은 남들과 다르다는 이유로, 자기들의 영역에 들어오지 못하게 엄연히 금을 그어 버리기도 한다. 씁쓸한 세상의 언어를 읽으며 때론 서러움을 느낀다. 이 경계를 어떻게 허물어서 그들과 합류할 수 있을는지.

거실에 수국을 꽂아 놓았더니 밀려오던 공허가 한순간에 사라진다. 꽃을 좋아하면 외롭다 했는가, 아니 외로워서 꽃을 좋아하겠지. 어느 날 외출하고 돌아오시던 어머니가 꽃을 한 움큼 들고 오는데, 여느 때와 다르게 활짝 웃었던 기억이 불현듯 스친다. 어머니가 외로워서 꽃을 꺾고 왔다는 것을 인제야 알겠다. 그 마음을 꽃이 보듬어 주었으리라.

꽂아 놓은 수국이 한곳에 정체된 게 싫어서 살짝 옮겨 보며 소소한 기쁨을 얻는다. 어떤 날은 현관 입구에서부터 수국이 반가워 꽃의 언저리를 뱅뱅 돌다 할 일을 잊어버리기도 한다. 우리가 언제부터 만났기에 이렇게 교감이 잘될까. 마치 오래된 친구처럼 서먹하지 않아서 다행이다. 나 혼자만의 일방통행은 아닌지 수국의 얼굴에도 엔도르핀이 돌아 생생하다.

수국은 토양의 성질에 따라 산성에서는 파란색, 알칼리성이 강한 토양에서는 분홍색, 중성의 토양에서는 흰색의 꽃이 핀다. 수국이 주어진 터전에 얼마나 잘 적응했는지, 그 빛깔은 견뎌낸 만큼 가히 매혹적이다.

연하게 피웠던 꽃이 점점 진해지는 파란색 수국은 밤이면 어둠 속에서 형광을 발한다. 제주에서는 도깨비처럼 조화를 부린다고 하여 도채비* 꽃이라 불렀다. 단 한 번도 본 적이 없는 도채비에 대한 공포 때문에 집 울안에는 심지도 않았다. 그 시절 변방에서 파란 수국의 에인 가슴인지 멍 자국 안고 피어나, 지금은 그 진가가 알알이 박힌 비취반지처럼 빛을 발한다.

목이 긴 진사 도자기 화병에 분홍색 수국을 꽂아 놓는다. 가느다란 목으로 허공을 응시하던 자태가 늘 속절없어 보였는데,

분홍색 수국을 맞아들여 전혀 낯가림 없는 분위기다. 분홍색 수국은 침울하던 자리를 확 끌어당긴다.

흰색의 수국 한 송이 가슴에 얹으면 신부가 된 듯 한아름 부케가 된다. 흰색의 유柔함은 어디에 머물든 그 자리가 도드라지지 않는다. 다소곳이 진품이다.

주변만을 배회하는 나날이다. 겨우 사람들과 눈을 맞추고 씨익 웃는 일만 하고 있으니, 산다는 건 사람과 사람이 어우러질 때 정이 이어짐을 안다. 머뭇거리다 말을 나눌 기회도, 손 내밀어 도닥여 줄 수 있는 순간들도 무의미하게 지나쳐 버린다. 바라는 만큼 먼저 행하지 못하는 걸 누가 헤아려 주랴. 어디에서든 잘 섞이어 도드라지지도, 움츠러들지도 않는 수국과의 인연으로 나 스스로 가두지 않으려 한다.

산책길에 담장 너머 수국과의 조우로 마음 언저리가 포근하다. 울타리를 다듬던 주인이 이 마음을 어떻게 알았는지 수국 한 송이 잘라 건넨다. 수국 위로 눈길이 마구마구 쏟아진다. 필연인가.

* 도채비: '도깨비'의 제주어.

싼 게 비지떡

무엇을 입고 나갈까. 마땅하게 입고 나갈 옷이 없어서 뒤적거린다. 옷도 정이 들어서 유행이 지나도 함께한 세월만큼, 마음에서 떼어내지 못하고 옷장에 잠재우고 있다.

옷걸이에 걸려 있는 옷들은 간택 받고 싶은 품새로 요조숙녀처럼 단정하다. 그중에 눈이 가는 게 있어서 만지작거리다 어쩐지 화려한 것 같아 집어넣는다. 알록달록한 색깔은 눈을 현혹하지만 몇 번 입고 나면 싫증이 난다.

인위적인 치장으로 화려하지만, 겉으로 보이는 게 그 사람의 전부는 아니다. 외적으로 아름다움이 돋보이는 건 내면의 미가 채워질 때다. 별다를 것도 없이 수수한 스커트에 니트 티를 꺼내 든다. 무슨 특별한 차림이나 할 것처럼 심사숙고하지만, 결국에 손을 타는 건 오랜 친구처럼 편안한 옷이다.

옷가게 문이 쓱 열린다. 한쪽 행거에 가지런히 걸린 옷들에 시선이 먼저 간다. 행거 위에는 큰 글씨로 50% 세일이라고 적혀 있는 게 아닌가. 운수 대통이다. 선뜻, 하나는 아쉬워 두 개나 고른다. 싼값에 필요한 것을 골라서 가슴이 콩닥거리기까지 한다. 무엇을 입고 나갈까 고심하던 옷에 대한 갈증이 해소된다.

새 옷을 사면 결벽증이 도져 먼지투성이라고 단정 내린다. 일단 세탁기에 울 코스로 지정하고 빤다. 애지중지 매만지고 탈탈 털어서 말렸더니 웬일인가, 조명발이었던가. 내심 감탄을 연발하며 골랐던 옷이 색상도 달라 보이고 모양새도 후줄근하다. 옆에서 고르던 아줌마가 선점할까 봐 잽싸게 취했던 것이 불찰이다. 그 순간 눈은 제 기능을 못 하고 마음이 시키는 대로 현혹되어 허둥대었다. 외출복은 고사하고 집에서 입기에도 영 아니다. 빨아 버려서 교환할 수도 없으니 이도 저도 못 한다. 싼 게 비지떡이라더니.

사람도 첫인상이 좋으면 말을 붙이게 된다. 인상이 전부는 아니었다. 양파처럼 속내를 쉽게 보이지 않고, 상대방의 마음만 알아내는 고도의 처세술을 부리는 이도 있었다.

그녀는 화끈한 성격의 소유자다. 돈 씀씀이도 주저 없이 화통하게 쓸 줄도 안다. 말이 조금 헤픈 듯하지만 쉽게 동화되는 친화력이 있다. 의심의 여지도 없이 신뢰심이 생겨 줄곧 그녀를 찾는다. 선뜻 말문을 열지 못해 직선으로 다물었던 입술은 그녀만 만나면 주저리주저리 말을 쏟아낸다. 마음이 허해지고 삶의 고리가 꼬일 때 찾아가면, 그녀는 실눈을 깜빡이면서 고개를 끄덕이는 추임새까지 넣어 준다.

뙤약볕 아래 틀어놓은 수돗물처럼 주저 없이 내 안의 것들이 쏴 쏟아진다. 시원하고 후련한 카타르시스를 느낀다. 어떤 상담사도, 정신과 의사도 이런 치유를 주지 못할 것이다.

저절로 흥이 나서 대화가 무르익을 때쯤, 갑작스레 툭 질문을 던져서 반사적으로 대답을 하게 한다. 이럴 때는 부풀리거나 포장되지 않는 나의 모습이 그대로 튀어나온다. 아킬레스건이 무엇인지 알아내어 공격하면 승리하는 전법까지 아는 그녀다. 슬슬 유도하면서 숨기고 싶은 사실도 살짝살짝 캔 것을 뒤늦게 감지한다. 급기야는 자신을 합리화시키기 위해 슬쩍 나에게 거짓

말을 하는 것도 포착된다. 자신의 좋은 점만을 의도적으로 내보이면서 사람을 혹하게 하는 재주에 능하다.

아뿔싸! 이미 늦어 버렸다. 내가 홀려서 그만 그녀의 속내를 잘 살피지 못한 불찰이 있었다. 요령 있게 빠져나와야만 되거늘, 처세술이 모자란 나는 무 자르듯 싹둑 잘라내고 말았다. 전화가 걸려와도 받지 않았다.

드디어 가면이 벗겨진다. 그녀가 이러더라 저러더라 흘러들어 오는 불쾌한 이야기들은 그저 묵비권으로 무시해 버린다. 이쯤에서 빠져나와 더 큰 화를 면했으니 다행이다.

화통한 척, 처세에 능한 이에게 혹한다. 순간적으로 판단이 흐려져 마음을 열지만, 결과는 화를 부르기에 십상이다. 사람도 물건도 싼 게 비지떡이 맞다.

진득하게 기다리며 수위 조절하는 게 서툴다. 내 마음만큼만 생각하여 쉽게 믿어 버리는 우를 범하는 게 다반사니, 누구를 탓하랴. 찬찬히 관찰하는 중에 취사선택 거리가 생기건만, 적재적소에 딱 들어맞는 것들이 발견될 때까지 뜸을 들이자며, 이제 한 걸음 뒤로 물러선다. 톱니바퀴처럼 잘 맞물려서 돌아갈 수 있는 관계면 얼마나 좋을까.

만추晩秋, 오름을 오르다

서둘러 오름으로 간다. 억새들이 바람에 몸을 가누지 못하고 있을지도 모른다. 쓰러지기 전에 만나고 싶다. 월요일이라 인적은 드물고 서너 대의 차가 보인다. 서둘러 오름을 깨우려 발을 디딘 이들이다. 수많은 방문객의 흔적을 따라가기만 하면 되니 오름을 오르는 길이 수월하다.

나무 계단이 놓여있다. 내딛는 발걸음이 나무의 질감에 닿아 척척 달라붙는다. 정교하게 놓인 계단처럼 치밀한 계획을 세우고 사는 것도 아니건만, 아이들이 쌓는 젠가 놀이처럼 하나만 살짝 빼어도 삶은 지탱되거늘. 조마조마하며 살았으니 이 시간의 여유가 좋다.

숨이 차올라 한 템포 쉬어 가기로 한다. 계단에 풀썩 앉았더니 헐떡이던 심장도 무던해진다. 차분한 하늘에 두둥실 흘러가는 구름이 눈에 찍힌다. 콘크리트 건물, 아스팔트 길에 찌든 시야가 금세 씻겨진다.

쉬었으니 가뿐한 다리로 오르는 게 거뜬하다. 어느새 정상이다. 고개를 좌우로 돌리는데 스크린처럼 오름 군락들이 펼쳐진다. 높은 봉우리가 한 자락 내어주어, 그 옆에 낮은 봉우리가 어깨를 걸고 있다. 군림하는 자세가 아니다. 세상은 갑을 관계가 형성되어 삭막하건만, 높낮이를 의식하지 않아도 되는 평화를 자연에서 만난다. 가까운 거리에 이런 정경을 놔두고, 여행을 떠난다며 부산 떨었던 게 미안스럽다.

정상에는 오름 나그네들이 쉬어 가라고 긴 의자 두 개가 비어 있다. 누구이든 편견 없이 자리를 내어준다. 툭 기대어 앉았더니 저절로 긴 날숨이다. 가파른 길을 오르느라 힘들었을 근육들이 느슨해진다. 의자가 고맙다.

혼자 가는 길은 외나무다리를 건너는 것처럼 긴장의 연속이다. 수학 문제처럼 어려운 일들이 다가오면 누구에게 자문하려 마음을 여는 일마저 쉽지 않다. 어물쩍 넘기기도 한다. 무거운 마음을 혼자 추스르다가 결국은 마음을 열어 의견을 공유한다. 다른 이들의 삶을 내다보며 서로 기대어 살아야 훈훈하다는 걸 내가 겪어 보고 안다. 누가 손 내밀면 얼른 그 손을 잡아주리라.

이제 움푹 팬 굼부리로 내려가는 길목에 선다. 오르려고 치닫는 걸음보다 내려가는 길이 더 조심스럽다. 미끄러질지 모르는데 다리에 힘을 주며 내딛는 걸음은 천천히 할 일이다. 추락하는 것에 날개가 있다 한 영화 제목이 불쑥 생각난다. 내려갈 때를 가늠하고 새처럼 사뿐히 착지하는 평탄한 삶이길 바라본다. 욕심이 화를 부르는 걸 알면서도 과욕을 부린다. 자신의 능력에 맞게 어제보다 나은 삶에 만족하면 행복할 터인데, 내려놓는 게 이리도 어려울까.

드디어 억새 무리가 보인다. 바람을 피하느라 억새들이 굼부리를 빙 둘러 가며 터를 잡았다. 굼부리 안은 고요하다. 바람이 얼마나 흔들다 멈추었는지, 억새 무리는 한 방향으로 허리를 구부리고 있다. 줄기는 버석거리고 하얗게 센 머리가 쇠잔한 노인 같다. 곧 삶을 마감이나 할 듯 활력을 잃어버린 억새는 미동도 없다. 가혹했을 바람을 견디려 힘든 시간이었다. 그래도 찬란하던 시절이 있지 않았는가. 측은지심으로 바라본다.

예전에 보았던 억새 무리는 바람에 제 몸을 맡기고, 은빛으로 피워낸 억새의 머리가 일제히 반짝거렸던 기억이 난다. 그날, 설레는 마음을 진정시키며 소중한 한 컷을 내 안에 담았었다. 사람이든 억새든 풍파에 쓰러지지 않고 리듬을 타며 살 때가 청춘인가 보다.

내게도 갱년기 우울증이 들이닥쳐 가슴이 갑갑했었다. 햇빛 화창한 날에도 마음은 잿빛이었고 어디든지 멀리 떠나고 싶었다. 모든 건 때가 있고 지나간다 했으니, 여자로서 한차례 겪는 고통을 순리대로 받아들이려 애썼다. 완숙된 한 인간으로 거듭나는 통과의례이지 않은가. 의사의 처방인 양 지인의 경험담을 들으며 바다로, 오름으로 자연에 몰두하는 일로 살 만해졌다.

삶은 승승장구하는 것만이 아닌 것을, 어느 순간 내려놓는 순환의 묘미도 있다고 다독인다. 이제 단단해진 가슴으로 억새의 소멸을 보듬는다. 오름을 내려가는 길, 바람과 교감하는 열정의 억새를 갈망하며 다시 가을을 기다린다.

울안의 성자들

☘ 마당을 거닙니다. 마당의 주연은 자목련 나무입니다. 봄에는 언제면 꽃이 필지 눈길이 자목련에 머물곤 합니다. 내 채근에도 스치는 바람결에도 잔가지조차 미동도 하지 않습니다. 오랜 정진 끝에 깨달음을 얻은 듯 단단한 껍질을 뚫고 자색의 꽃을 피워냅니다. 마치 무대에서 엑스트라도 없이 혼자 열연하는 모노드라마의 주연배우 같습니다. 봄이 절정에 달할 때쯤 푸른 잎사귀와 해후할 틈도 없이 꽃은 자신을 버립니다. 아무런 미련 없이 때가 되어 떠나는 자목련에 눈길이 가는 건 어쩔 수 없습니다.

양지쪽으로 오종종 모여있는 사랑초도 보입니다. 엄지손톱만 한 핑크빛 얼굴로 태양을 향해 애교를 떠는 모습이 이름만큼이나 사랑스럽습니다. 밤이 되어 빛을 거두면 꽃잎도 모아지고 잎도 접혀 버립니다. 낯선 환경에 적응하려는 처절한 몸짓을 보는데 내 육신이 더 오그라듭니다.

치자는 장마가 시작될 무렵 피었다가 여름 초입에 지는 꽃입니다. 장마철 화병에 꽂아 놓으면 칙칙한 집안 분위기를 바꿔줍니다. 향을 피운 듯 향기가 감돌아 편안하게 해줍니다. 장마가 지나고 여름 더위가 치닫는데 웬일인지 한 송이가 남아 있습니다. 무슨 갈망이 있길래 더위를 견디며 남아 있을까요. 남들과 다르다는 건 슬픈 일인데도요. 봐주는 이 없이 홀로 놔두기엔 쓸쓸한 일이어서 화병에 꽂았습니다. 음악처럼 흐르는 꽃향기가 나를 여유롭게 합니다.

가을에 연분홍 장미가 얼굴을 내밀었습니다. 위로 오므려 감싸고 있는 꽃잎이 자신을 선불리 드러내지 않으려는가 봅니다. 꽃말이 '내 마음 그대만이 아네.'라는데 오직 그대에게만 마음을 열 듯합니다. 다행히 화음을 맞추고 너덧 송이 무리 지어 피어 있어 마음이 따스해 옵니다. 언젠가 홀로 피어난 장미를 보고 있는데 날씨보다 더 추운 한기가 전해 왔습니다.

몸을 웅크리고 한참을 들여다보다 꽃에 코를 대고 긴 호흡을 합니다. 밀고 당기기를 하는 연인처럼 그윽한 향기가 나를 반기다 바람결에 휙 사라집니다. 제철도 아닌데 피어나 기쁨을 주는 것이 안쓰러워 지그시 바라봐 주는 것 말고는 다른 방도를 찾을 길이 없습니다.

뒤뜰에는 붉은 감 두 알만이 감나무의 빈 가지를 지키고 있습니다. 아무도 범접하지 말라고 꼭대기에 달려서 아득합니다. 무성하던 잎들을 다 떠나보내고 지나가는 새 나그네들을 위해 버티고 있나 봅니다. 나무 아래 장대가 있지만 모른 척하렵니다. 새들이 일용할 양식을 찾아와 재재거릴 때면 어떤 오케스트라보다도 아름다운 우주의 하모니가 연주됩니다.

돌담 어귀에는 쑥부쟁이 무리가 떨고 있습니다. 견디기 힘들다고 아우성을 치는 것만 같아서 한 움큼 꺾어다 빈 화병에 꽂아 주었습니다. 가을이 집안에 출렁입니다. 노환으로 방을 지키고 계신 어머니 얼굴에 꽃물이 듭니다. 어머니는 날씨가 으스스해지니 온 삭신이 쑤신다고 힘들어하십니다. 지팡이에 의지해서 마당을 더듬는 어머니가 꽃을 보면서 위로를 받았으면 좋겠습니다. 예전엔 화단의 잡풀도 메고 뒹구는 나뭇잎도 빗자루로 쓸어주며 마당을 단장했는데, 지금은 겨우 햇볕을 쐬러 나올 뿐입니다. 어머니가 이 가을을 무사히 보내시기를 바라봅니다.

문득, 한 생각에 마음이 사로잡혀 속수무책입니다. 무슨 간절함으로 살고 있는지 나에게 묻습니다. 변화를 두려워하는 나는 오늘도 어제 같고, 내일도 오늘 같기를 바라고 있습니다. 사실은 건조한 삶인지 모르고 변화 없는 삶에 중독되어 내가 시들어 가고 있는 것은 아닐까요.

시든 꽃을 슬쩍 뽑으려다 도로 꽂아 놓습니다. 자연스럽게 시들어 가는 모습이 자유로워 보입니다. 활짝 피어 자태를 뽐내다가 때가 되면 지는 저 무언의 섭리에 난 꼼짝없이 매료됩니다. 피었다가 지는 순리에 슬퍼하지 말아야지 싶습니다. 다시 피워낼 그 천리天理를 알기 때문이지요.

사람은 작은 변화에도 버둥대기 일쑤이지만, 마당의 내 벗들은 가끔 찬비를 맞거나 세찬 바람에 부대끼면서도 의연하게 꽃피울 준비를 합니다. 일상에 오염된 마음 한 자락 씻어내려고 그들 앞에 서성이면 늘 제자리에서 진정한 빛깔로 반깁니다. 그제야 나는 사람에게 마음을 주려다 상처받을까 고민하던 번뇌까지도 우리 집 마당가에 내려놓기 시작합니다.

그러고 보니 우리 집 울안에는 한 무리의 성자들이 사는가 봅니다.

방석

서둘러 포장지를 뜯는 손길이 분주하다. 첨단 시대의 기술로 공들여 내놓은 사진 속의 물건을 보고 구매를 결정하는 건 모험이었다. 실물을 보고 반품을 시키는 불상사가 없기를 바랐다. 황토로 물들인 천연염색 방석은 한순간에 혹하는 화려함이 아니어서 마음에 든다. 꾸미지 않아도 참한 규수처럼 첫인상이 좋다.

거실에 찻자리를 놓아주어 체감 온도를 상승시킨다. 번잡한 인연은 피하고 싶기에 단출한 분위기면 좋겠다. 다탁도 아담한 거로 놓고 다관, 찻잔, 숙우도 손길에 익숙한 거로 올려놓으니

정감이 맞닿는 분위기다.

화룡점정인가. 황토색 방석 두 개를 마주보게 놓아 줬다. 땅의 기운이 멀어진 꼭대기 층 아파트에 흙냄새가 물씬 번진다. 찾아오는 객이 없어도 누구와 차를 마시며 대화를 하는 착각마저 들게 한다.

장롱에 눌러있는 양단 방석이 여러 개 있다. 어머니가 쓰시던 거라 연륜이 꽤 되었다. 빨강, 파랑 바탕에 기계 자수로 공작새가 꼬리를 부채처럼 펼치고 있다. 그 시절에는 돈푼깨나 주어서 마련한 고급품이지만, 넓고 큰 것이 만만하지 않은 며느리처럼 쓰임새가 불편한 방석이 되고 말았다.

문풍지 사이로 바람이 들어와 웃풍이 심한 우리 집이었다. 손님이 방문하여 자리를 마련할 땐 으레 방석을 내놓았었다. 방석에 궁둥이를 푹 놓는 순간 으스스 소름 돋던 한기는 마음에서부터 사라지고 만다.

식구도 아닌데 춥다고 이불을 펼치겠는가. 간단하게 내어놓아 추위도 거두고 손님에게 예의를 갖춰서 대접하는 필수품이었다. 대화가 끊기지 않은 긴 시간, 앉은 자리 불편하지 않게 견딜 수 있는 것도 방석의 공로다.

아파트로 이사한 이즈음, 거실은 소파를 대동하고 손님을 맞이하니 양단 방석은 점차 잊히고 있었다. 보일러 시설이 되어서 한기도 덜하고 이중문으로 주변을 봉했으니 웃풍이 심할 일도 없다.

양단 방석을 장롱 속에 묵히다 보니 솜은 뻣뻣해지고 화려한 색상은 촌스럽기만 하다. 장롱도 비좁고 애물단지다. 한 시절의 영화가 끝났다는 증거인지, 정이 깊이 들었을 텐데도 애착이 가지 않는다. 이제 구시대의 전유물이 되어 버림받게 되었으니, 방석의 입장에서는 얼마나 서운한 일인가.

비닐봉지를 마련하고 장롱 속의 방석들을 꺼내니 미련은커녕 숨통이 트여 후련하다. 쓰레기 처리장 한쪽에 버리고 오는데 물건일지언정 오래된 정이 만만한가. 한 번 뒤를 돌아보게 된다. 보잘것없는 노구가 되어 버려진 방석의 쓸쓸함이 인생의 한 장면일지도 모른다.

권불십년權不十年 화무십일홍花無十日紅이라 했다. 누구든지 잘나가던 시절엔 하루하루가 몸이 열 개라도 모자랄 정도로 바쁘게 살지 않았을까. 어떤 자리에서는 대중을 결집하는 존재로 목청 높여 자기주장도 당당히 했으리라. 어디든지 못 오를 곳이 있었으랴. 탄탄하게 펼쳐진 꽃길을 전속력으로 질주하던 인생일진대, 세월의 뒤안길 병들고 쇠잔한 육체는 화려한 시절은 간데없고 초라하지 않은가.

한 시절 잘 살아냈으니 원도 한도 없지 않냐고 방석에 위로를 보내니, 버리고 오는 마음이 덜 서운하다.

시간 가는 줄도 모르고 온전한 여유다. 모처럼 시간을 내어 방석에 펑퍼짐하게 앉아서 차 맛에 빠져든다. 자신을 내어 주는 방석이 차 문화를 즐기는 데 한몫을 한다. 목화솜의 포근한 감촉이며 황토로 물들여 편안한 색상이, 구관이 명관이라는 말은 진리도 아니지 싶게 새것이 좋기만 하다. 차근차근 쌓아 올린 완성품도 바닥의 안정감에서 비롯되지 않는가.

선뜻 깔려 주는 방석의 희생이 고맙다. 깔고 앉는다고 무시하면 되겠는가. 방석의 예법은 절대 발로 밟지 않는다는 것과 주인이 앉으라고 방석을 권하면 무릎을 먼저 대고 앉는 게 예의다. 동방예의지국의 후손답게 정중히 예의를 지켜 방석을 우대한다.

밑바닥에서 뭉개지는 곤욕을 당할지언정 방석은 소임에 충실하느라 잘 견뎌낸다. 지위 고하를 가리지도 않고, 몸무게의 경중을 따져서 피하지도 않고 오롯이 받아들인다. 무아無我에 도달하는 최고의 경지가 방석의 도가 아닐까.

인고의 삶은 외롭고 고달픈 길일지언정 나를 내려놓을 때 최고의 선이고 덕이지 않은가.

제5부

정情을 마시다

동백꽃 떨어지면

하늘빛이 어둡다. 마음도 울적하여 기분 전환이라도 할 겸 길을 나선다. 며칠 전 제주 시내로 나가는 길에 '동백꽃 보러 가는 길'이라는 현수막을 눈여겨보아둔 게 떠오른다. 꼭 꽃을 보러 가야지 작정했었다. 하늘이 우울하다 하여 동행할 일은 아니어서 마음의 방향을 틀었다.

겨울에 핀다고 하여 동백冬柏이라 명명되었다. 엄동설한에 피워내는 열정이 얼마나 뜨겁길래 잉걸불처럼 타오를까. 이파리의 초록빛은 진정 청렴결백하다. 설한풍도 두렵지 않은 건 줄기를 소복이 덮은 잎사귀 덕이다.

그곳은 초입부터 하늘로 질주하는 삼나무 길이다. 차를 몰고 들어서는데 봄날이라면 내려서 걷고 싶은 충동이 인다. 시속 20 킬로로 운행하라고 쓰인 숫자가 무색하게 달팽이 몸짓으로 들어서는데, 그곳의 정경이 눈으로 두뇌로 가슴까지 최대한 빠른 속도로 연결된다.

매표를 끝내고 사방을 두리번거리는데 드디어 붉은 꽃 무더기가 포착된다. 가까이 다가서니 눈에 잡히는 꽃은 애기동백이다. 혼자 상상하기를, 머릿속에 저장된 우리 집 뒤뜰에 피었던 재래종을 생각했었다. 지금은 아파트로 이사 와서 혼자 그리워하는 가슴속의 꽃이다.

예전 마당이 있는 집 뒤뜰에는 감나무 한 그루와 재래 동백꽃을 동반하였다. 납작한 슬레이트집이 한층 귀티가 났다. 감나무 꼭대기에 새들이 먹을 양식도 떨어지고, 그즈음 동백의 봉오리가 뒤뜰을 달구었다. 창 너머 동백이 피었는지 기웃거리는 나날, 겨울은 동백꽃을 기다리며 깊어 갔다.

재래종이 아니어서 서운하지만, 분위기가 다른 애기동백에 호기심이 발동한다. 잎사귀는 역시 진초록이다. 꽃의 얼굴은 숨기려 하지 않고 편편하게 드러낸다. 꽃잎은 예전에 유행했던 지지미 천처럼 겹겹이 주름져 금방이라도 나풀거릴 것만 같다.

바람이 거세니 여린 꽃잎은 견딜 재간이 있겠는가. 세파에 치이는 약하디약한 나의 본질인 양 안쓰러워 떨고 있는 몸체를 잡아주고 싶다. 바닥에는 바람에 항복한 꽃잎이 부서져 몸을 누였는데 나무에 피어 있어도 바닥에 뉘어도 붉은빛은 누가 꽃이 아니라고 하겠는가.

가슴속에 그리워하는 꽃을 품고 있어서일까. 재래종 동백숲으로 자꾸만 생각이 길게 늘어진다. 꽃잎이 바람에 부서지는 것도 더는 바라볼 수 없어 서둘러 그곳을 빠져나온다.

돌담길을 따라 재래종 동백 숲으로 들어선다. 간간이 붉은 동백이 여인네 머리핀처럼 꽂혀 있고 금방 터트릴 것 같은 봉오리가 발돋움한다. 고개를 쳐들고 꽃에 눈길을 주는데 꽃도 나도 변하지 않은 일편단심이다.

겨울철 최고의 미는 단연코 설한풍이 휘도는 돌담을 끼고 자리한 동백이다. 고목을 뚫고 나온 줄기마다 진초록의 잎사귀가 강건하게 진을 친다. 다소 오므린 얼굴로 붉은 동백이 타오르는 열정을 절제하고 있다. 눈이라도 내려 동백의 속살을 간지럽히면 매서운 한기에 쓸쓸하지 않은 곳 없는데, 오직 겨울의 동백

만은 떨고 있지 않다.

돌담 밑에 통째로 뚝 떨어진 꽃이 살아있는 듯 생생하다. 꽃은 죽어서도 잎 한 조각 흐트러지지 않고 지조가 있다. 어떤 상처조차 흔적도 남기지 않은 질긴 꽃잎에서 어머니의 강한 모성을 만난다.

아침에 잠에서 깨어 부스스한 채로 어머니를 찾으면, 어느새 곱게 빗은 머리는 동그랗게 묶어 검은 망사를 씌웠다. 내 기억엔 긴 머리를 풀어 헤친 어머니의 모습을 거의 뵌 적이 없다. 비녀를 꼽지는 않았지만, 검은 망사를 씌운 쪽머리는 조선 시대 여인네처럼 머리카락 한 오라기 흘러내리는 걸 허락하지 않았다. 동백기름을 발라 윤이 나는 검은 머리는 돌아가시는 날까지 염색약 한번 바른 적 없다.

노환인 어머니를 모시고 살았던 어느 날, 당신이 힘들었던 세월을 넋두리처럼 주절거리셨다. 언젠가도 털어놓으시더니, 속내를 풀어내면 마음을 추스를 수 있을지도 모른다. 내가 할 수 있는 일은 어머니께서 털어놓는 이야기를 들어 드리는 것밖에 달리 아무것도 없었다.

가슴에 한을 부여안고 붉은 동백처럼 흐트러지지 않으려 안간힘을 썼을 텐데, 그 세월이 마모되는 동안 나는 어디서 무엇을 하다가 인제야 후회를 하는가. 돌담을 휘돌아 나오는 길, 동백 가지를 스치는 바람 소리가 어머니의 넋두리일까. 저 소리 귓전에 새기고 간다.

떨어진 동백꽃에 닿은 눈길이 부옇게 흐려진다. 꽃 송이송이 두 손에 주섬주섬 담아 가슴에 품어본다.

착각

누가, 올해 60세가 되었냐고 물어본다. 이 질문에 짐짓 놀랐다. 전혀 뜻밖이어서 나에게 묻고 있나 머뭇거리는데 그 사람은 당연하다는 듯 눈을 맞춘다. 얼떨결에 "아직…."이라고 거짓말이 튀어나온다.

사실 올해 덜컥 육십을 넘긴 나는 단 한 번도 나이를 실감하지 못한다. 아직은 괜찮다고 나이보다 젊어 보인다며, 내심 이 정도의 공주병은 앓아줄 만하다고 합리화시키고 있었다. 물리적인 나이쯤은 의식하지 않고 살았으니, 나이를 정확히 짐작하고 물어보는데 받아들일 수가 없었다. 그럴 리가 없는데, 절대 그럴 리가 없는데 객관적인 사실을 마음은 강하게 거부하고 있었다.

거울을 얼굴에 바싹대고 이리저리 살펴본다. 편치 않은 마음으로 샅샅이 얼굴을 살펴서 그런지 흉하게만 보인다. 눈 밑도 쳐져서 그늘져 보이고, 이마에 주름도 깊게 패 물결무늬가 생겼고, 팔자주름은 양쪽이 다르게 골이 잡혀 일그러진 형국이다. 어느새 많이 늙어버렸는데도 나는 의식을 못 하고 살았으니 이 노릇을 어찌하면 좋은가. 내 안에는 착각을 주도하는 영이 지배적인가, 마음만 젊었다.

언젠가 쌍꺼풀 성형을 한 친구를 보고 자연스러운 게 얼마나 예쁜데, 속으로 흉을 봤던 기억이 난다. 인위적으로 무서운 칼자국을 내야만 했던 처절함은 오죽했으랴. 그 마음을 헤아려 주지 못한 게 미안하다.

이미 새겨진 세월의 흔적들을 무슨 수로 지우겠는가. 받아들이려 하지만 젊고 예뻐 보이고 싶은 외모 지상주의를 거둘 수가 없다. 겉치장은 자신의 모자람을 위장하기 위한 방편일 터인데, 알면서도 아직은 숨겨서라도 돋보이고 싶기만 하니….

누가 만나자는 전화에도 핑곗거리를 만들어 외출을 보류한다. 그저 기운이 없고 입맛도 잃어버려 우울하다. 요즘 필러 시술이 대세라는데 가격은 얼마인지, 부작용은 없는지 자꾸만 인터넷을 뒤적거린다.

TV 채널을 돌리다가 홈쇼핑 쇼핑호스트 설명에 귀가 번쩍 뜨인다. 주름이 자글자글한 노인을 모델로 5달 동안 황금 팩으로 관리를 해주고, 전후 사진을 보여주며 주름이 펴진 것을 확인시켜 주고 있다. 그 순간 수직으로 입수하는 다이빙 선수처럼 TV 속으로 풍덩 빠져 숨조차 정지될 듯하다.

바로 저것이다. 무서운 필러 시술을 받을 필요도, 큰돈 들이지 않아도 된다. 오늘은 특별히 하나를 끼워주기까지 하는 날이니 경사가 났다. 방송마다 매진 행렬이라는 소리에 자동 멘트를 따라 속사포로 주문을 마치고 흐뭇하다.

언제면 저 물건이 도착할지, 현관문 벨 소리 환청이 들리는 듯하다. 드디어 도착, 박스를 후다닥 뜯어내니 직육면체 작은 상자 9개가 가지런히 신뢰감 있는 표정으로 누워있다. 거기에 콜라겐 75%가 함유된 세럼과 탄력 크림까지 덤으로 왔으니 얼마나 감사한가.

사용법을 단단히 숙지한다. 마치 화가가 캔버스에 유화 물감으로 그림을 그리듯이 붓을 들고 황금색 액체 덩어리를 정성을 다하여 펴 바른다. 모자라지 않게 바르고 또 발라 두툼하게 팩으로 도배를 한다. 시간을 길게 잡아야지 더 효과가 클지 모른다며 느긋하게 길게 눕는다.

회춘할 얼굴을 기대하며 빳빳하게 마른 팩을 죽 시원하게 떼어내는데 그 순간의 희열은 음악처럼 경쾌하다. 단 한 번으로 무엇이 달라지랴. 스텝 바이 스텝으로 전진하리라 굳게 다짐한다.

황금 팩과 붓으로 예술을 하며 거울에 얼굴을 비쳐 보고 또 비쳐 보는 것이 일상이다. 이런 끊임없는 반복을 포기도 권태도 없이 온 정성을 쏟아서 해 본 적이 있는가. 지성이면 감천이라는 말도 어긋나는 경우도 있다. 지나치면 독이 된다는 말이 맞다. 갑자기 영양분이 과하게 섭취된 얼굴은 뾰루지가 하나둘 돋아나기 시작하면서 거부 반응을 일으킨다. 청춘도 아닌데 웬 여드름이냐며 농을 건네는 말에 더는 견딜 수 없어 이제 포기다.

무너지는 세포를 어찌하랴. 지지대를 세워 놓을 수도 없지 않은가. 젊어지고 싶은 본능대로 바둥거려 본들 세월 앞에 장사 없다는 걸 모르지 않는다. 아름답게 늙는다는 것은 세월의 흔적을 거부하지 않고 동반하는 삶이다. 지금이 가장 아름다운 때라고 당당히 인정할 때 시간도 비켜 갈 것이다.

꽃무늬 원피스를 입고 거울에 비쳐 보니 내가 꽃이 된다. 기분 좋은 착각은 보약과도 같다.

정情을 마시다

차茶가 당긴다. 살다 보면 심사가 꼬여 마음이 정돈되지 않을 때가 종종 있다. 그럴 땐 여지없이 물을 끓이고 찻자리를 펼친다. 차를 덜어 다관에 담고 물을 부어주고, 숙우에서 찻잔으로 따르는 과정에 몰입하다 보면 저절로 마음은 가라앉는다.

기분이 좋을 때도 차 한 잔을 마시면 그 기운을 주체하지 못해 나대는 일이 없다. 기쁨은 잔잔히 번지고 차분한 기운이 감돈다. 차 향과 차 빛깔을 버무려 입안으로 넘기면 어릴 적 원기소 한 알 입에 넣어 맛있게 씹어 먹었던 것처럼 몸이 충전된다.

갈증난 대지를 폭우가 적셔준다. 창 너머 나무들도 물이 한껏

올라 초록빛이 완연하다. 이런 날이면 집안에서 바라보는 세상 빛깔에 마음도 물이 든다. 이 봄을 누구와 나눌까. 당장에 어떤 이와 이 봄을 교감하기엔 상대가 내 마음과 다를지도 모른다. 가끔 어긋나는 일로 상처가 되었었다.

혼자 차를 마시며 이 봄을 느낀다. 정갈한 분위기에서 단출하게 차를 마시니 좋다. 초의선사는 혼자 마시는 차를 신神이라 말했다. 차를 마시면서 마음이 산만하거나 기운이 탁하면 깊은 맛을 느낄 수 없을 것이다. 차의 참맛은 깊은 경지에 이르면, 맛없는 가운데 참 맛이 있음을 감지할 것이라고도 하였다.

깊은 경지의 여건은 다인들은 적청화경寂清和敬을 말한다. 적寂은 고고한 천성을 갖춘 차를 마실 때는 조용한 분위기라야 사유가 깊어진다고 하였다. 청清은 다기나 방안을 깨끗이 해야 한다는 것이다. 예민한 찻잎이 사소한 냄새도 흡수하여 좋은 차 맛을 맛볼 수 없기 때문이다. 화和는 화목하고 아끼며 화기애애하게 시간을 보내야 한다는 것이다. 경敬은 차를 마시는 동안은 무엇이든 소중히 여겨 경건한 마음으로 대하자는 것이다.

적청화경寂清和敬을 곱씹으며 차를 마신다. 주르르 흐르는 물소리에 마음이 젖는다. 발효된 잎들이 스르르 살아나고 황차의 노을빛이 찻잔에 번진다. 고소한 향이 다정하게 코 끝에 머문다. 차 한 모금을 넘기는데 연약한 것이 자신을 우려내어 초봄의 냉기를 녹인다. 푸른 청춘을 던지고 얻어낸 금지옥엽金枝玉葉이니 어찌 이 맛이 깊지 않으랴.

중국 당나라 조주선사의 끽다거喫茶去를 떠올려 본다. "차나 한 잔 하시지요." 끽다거에 담긴 의미는 차를 마시는 것은 다인의 여유요, 즐거움인 동시에 다도에 접어드는 경지라고 한다. 그것을 음미하고 감사하면서 마시는 것이 바로 '멋'이라고도 하였다. 차와 선을 하나로 본 조주선사의 다선일여茶禪一如이다.

가끔은 차를 마시며 정을 나누고 싶을 때가 있다. 소박한 찻자리는 꾸미거나 과장하지 않은 마음이 우러나온다. 입에 발린 말은 물거품처럼 사라져 버릴지도 모르고, 비싼 물건을 건네면서 교류하는 것은 부담스러운 일이기도 하다. 그 무엇보다도 진솔한 마음을 나눌 때 정이 돈독해진다.

집안에 다실을 꾸며 놓고 차를 즐기는 초등학교 동창 친구가 있다. 그는 육십여 년을 함께, 한 시대를 살아온 더 이상의 조율이 필요 없는 오래된 사이다. 손바닥에 침을 뱉고 검지와 중지로 손바닥을 내리치면 침이 튀는 방향으로 가자고 결정했던, 그 옛날 일을 이야기하며 웃을 수 있는 동창생 집으로 발길을 옮긴다.

그는 무슨 용무가 있는지 묻지도 않고 으레 다실로 들어가 화로에 구리 주전자를 올려놓는다. 특별한 볼일이 있어서 찾아간 게 아니란 걸 물으나 마나 짐작하기에, 말이 먼저가 아니고 행동으로 "차나 한 잔 하시게." 표현하고 있다. 물이 끓는 사이에 그동안 별일이 없었는지 안부를 묻는다. 그저 좋은 일도 나쁜 일도 없이 무탈하게 지냈다고 화답하며, 손은 부지런히 차호에 차를 담고 찻잔을 골라 앞에 놓아 준다.

황차를 좋아하는 걸 기억하기에 황차부터 내놓기 시작한다. 따뜻한 차보다도 마음이 더 애틋하다. 그래서일까, 어느 분위기 좋은 찻집에서 마시는 차보다 첫 잔이 변함없이 흐뭇하다. 탕색도 구수한 황토색이다. 예닐곱 가지 종류의 차들을 줄줄이 우려내어 내놓는다. 마시는 동안 가정사, 세상사를 두루 섭렵한다. 잠시도 마음의 휴지기가 없이 서로 정을 나눈다. 그새 시간은 훌쩍 두어 시간이 지났다. 일을 마치고 돌아온 그의 부인이 다가와 차를 나누는 걸 보면 밖은 벌써 어스름께가 분명하다.

이제는 일어서려 하는데, 마지막 잔이라며 부인이 만든 쑥차를 내놓는다. 찻잔에 봄 향기가 감돈다. 쑥차 한 봉지 손에 들고 돌아오는 길, 살 만한 세상이다. 사람만이 희망이라던 어느 시인의 글이 생각난다.

차를 마시며 마음을 살펴주고, 정을 나누는 이 시간이 진정 다선일여茶禪一如의 경지가 아닐까.

발

☘ 발은 가장 낮은 곳에 갇힌 신세다. 기氣도 못 펴고 주인이 신겨 주는 신발 문수에 맞춰서 충직한 종처럼 제 할 일에 충실하다. 발가락이 구부러지고 뒤틀려도 종신형을 견뎌야만 한다. 신발 속에서 옴짝달싹 못하는 수난을 거쳐야 편히 터수를 확보한다.

직장에 다닐 때는 큰 발을 굽이 뾰족하고 날렵한 구두 속으로 밀어 넣고 발레리나처럼 종종걸음으로 다녔다. 조여 오는 아픔을 참다가 저녁이면 구두 밖으로 탈출하듯 벗어나는데 눈물이 찔끔 날 정도였다. 뒤꿈치에 벌겋게 상처가 생기고 넓은 발볼은 기형이 되어 갔다.

하이힐을 신고 고통을 참으며 걸어 다녔던 시절, 이제 돌이켜 보면 미인 대열에 끼고 싶은 욕구가 강했던 모양이다. 오직 외모만을 드러내고 싶었으니 그 정도의 고통은 문제도 아니었다. 누가 시켜서 하는 일이라면 하루가 구만리였을 것이다.

전족하던 중국 여자의 발이 이랬을까. 중국에서는 엄지발가락만 놔두고 네 발가락을 천으로 꽁꽁 싸매서 작고 예쁜 발을 만드는 풍습이 있었다고 한다. 전족하지 않은 여자는 미인 축에 끼지도 못하였고, 결혼조차 하기 힘들었다 하니 통탄할 일이다. 작은 발 한 쌍을 가지려면 한 항아리의 눈물을 쏟아야 했다는, 이제는 사라진 중국의 풍습이 섬뜩하다.

키가 커서 당연히 발도 클 수밖에 없으니 여자로선 엎친 데 덮친 격이다. 고만고만한 친구들 틈에서 사진을 찍을 때도 솟대처럼 우뚝 솟은 게 싫어서 다리를 구부려야만 했다. 문지방을 넘나들 때도 모서리에 머리가 자꾸 부딪쳐 곤혹을 치렀다. 큰 만큼의 부피로 나를 눌러 다시 태어난다면 작고 아담한 여자였으면 좋겠다는 상상을 했다. 모습만으로도 다소곳이 순종하는 듯 얼마나 예쁠까.

이제는 어렴풋이 잊힌 일이 있다. 동네 신발 가게 주인이 농담처럼 "도둑놈 발이네." 하는 그 말에 신발 사는 건 고사하고 휭 뒤도 돌아보지 않고 나와 버렸다. 어릴 때여서 약점을 자극하는 말을 농담으로 수용하기엔 상처가 되었다. 무심히 던진 말이 뇌리에서 떠나지 않아 의식하고 살았으니 말 한마디가 삶을 속박하였다.

발이 크다는 건, 여성스러움을 갖추지 못했다는 자책으로 한 치수 작은 신발을 애써 신었다. 신발이 닳아서 떨어져도 새 신발로 바꾸는 것조차도 차일피일 미루게 되었다. 신발을 벗어 놓아도 남자가 벗어 놓은 신발인 듯하여 한쪽으로 숨기곤 하였다. 주인의 마음을 발은 알았는지 마음만큼이나 묵직한 걸음이었다. 함부로 서두르는 일도 없이 담담하게 뚜벅거리는 건 그나마 부끄러운 큰 발의 격을 높이는 데 한몫을 하였다.

발은 밑바닥에서 한마디 타박도 없이 견디어 준다. 신은 낮은 자로 살라 하지 않았는가. 오르고만 싶어서 욕심을 부리던 시절이 있었다. 잡히지 않은 목표를 향하여 수많은 생각이 꼬리를 물고 뒤척인 시간을 보내야만 했던 건, 실패를 두려워하는 처절함이었다. 나 자신과의 치열한 싸움 끝에 내린 결론은 열정으로 최선을 다하면 된다였다. 이상적인 것이 깎여지면서 점점 현실적으로 돌아온다. 인정받고 싶은 욕구만큼 따라 주지 않은 내 능력을 보듬는다.

인고의 세월을 보낸 구부러진 발가락이 애잔하다. 발이 없다면 어찌 어디로 갈 수 있겠는가. 넘어지지 않고 잘 건너온 인생길, 마음보다 발이 먼저 나서지 말자고 다짐한다.

발이 작고 아담한 여자를 부러워하는 것은 시대착오적인 발상이 아닐는지. 훤칠한 키에 몸에 대비되는 큰 발이 떡 버텨서 안정감 있게 활보하는 미녀들이 거리를 누빈다. 결혼 조건도 큰 키를 선호하는 세상이 되었다. 운동선수의 기량도 장신이어야 유리하지 않는가.

발은 내 몸의 디딤돌이다. 조물주가 맞춤형으로 내게 맞는 크기의 발을 황금률로 만들어 준 것이다. 요즈음은 기능성 신발을 신어서 발이 호강한다. 디딤돌이 무너지면 모든 게 무너지기 때문에 발을 우대한다.

대야에 뜨거운 물을 채우고 마른 쑥 한 줌 넣었더니 향기만으로도 심신이 편안하다. 쑥물에 두 발을 담그니 어느 미인의 발이 이리 고울까.

난로

이제 단순한 게 좋다. 등 따습고 배부르면 만족하니 바라는 게 점점 줄어든다. 체력적으로 힘에 부치는 일이나, 정신적인 노동으로 두뇌가 혹사당하는 것도 에너지가 많이 빼앗겨 단출하게 살고 싶다. 집착하여 쌓아 두었던 것들도 훌훌 내다 버리고 선방처럼 간결하게 한다. 비워진 집안에서 수도승처럼 참선이라도 하고 싶다. 마음을 추스르니 이 겨울 등을 데워 줄 난로 하나와 동행하는 게 필수 조건이다.

밖은 바람이 울부짖는다. 유리창을 두른 성에가 마음마저 철갑을 두른다. 필요한 물품이 있어도 밖으로 나갈 엄두가 나지 않는다. 냉동실 깊이 들어있던 음식 재료들을 뒤적거리지만, 따뜻한 국물이면 애간장 녹이기에 충분하다.

거실의 파수꾼 난롯불의 존재만으로도 이미 겨울은 거뜬하다. 초저녁부터 켜 놓은 난로의 열기는 마음의 온도마저 올려놓는다. 움직이는 동선도 여유롭고 움츠러들었던 심신이 편안하다.

오래전 직장을 다닐 때다. 연통이 달린 둥근 난로가 사무실 가운데 주빈처럼 턱 버티고 있었다. 오전 근무를 팽팽한 긴장 속에 보내고 오후가 되면 과장님을 필두로 직원들이 난롯가로 슬슬 모여서 몸을 데운다. 눈꺼풀이 스르르 감기는 과장님께 얼른 결재 서류를 내밀면 예상 질문을 준비하고 있던 입 한번 떼지 않고, 결재 칸이 모자랄 정도로 휘갈기는 사인을 해 준다. 몸이 느끼는 나른함은 자연스레 소통이 이뤄지게 하는 통로가 된다.

살다 보면 찬 바람이 쌩 부는 성정을 가진 사람을 만날 때가 있다. 뾰족한 가시를 내밀고 언제 본 적이나 있었냐는 듯이 눈길도 주지 않아 한참을 수습해야만 한다. 무엇을 잘못했는지 되새기다 보면 급기야는 상처로 부서지지만, 단연코 상대가 잘못

하고 있는데 그걸 그러려니 할 수 있는 여유로 넘기려 한다. 사람 사이에 정情이 물 흐르듯 교류가 되는 삶이면 잘 살아내는 것일 텐데, 결핍된 영혼이 불쌍하다. 도리어 측은지심이 들면서 남의 잘못을 거울삼아 나 자신을 성찰한다.

기온이 급강하하니 거실에 냉대 기류가 흐른다. 마음으로 전이된 휑한 기운은 가슴에 품고 있던 정을 그리워하게 한다. 이 시점에 그리워할 사람이 있다는 건, 잘 살아내고 있다고 스스로 방점을 찍는 일은 아닐는지.

미술관에서 만난 그녀와 나는 화가의 그림에는 대충 일별을 주고 서로의 얼굴이 명화인 양 눈을 떼지 못한다. 전화 통화로 안부만을 묻다가 얼마만의 해후인지 머리에서 발끝까지 놓치지 않고 관찰하게 된다. 겉모습은 분명 변한 게 있는데 서로를 도닥이느라 좋아 보인다고 빈말을 늘어놓아도, 오가는 정의 무게 만큼은 변하지 않았다.

못다 한 이야기가 아쉬워 찻집으로 자리를 옮겨 앉는다. 모처럼 활짝 웃게 한다. 경계심 없이 열어젖힌 마음은 서로의 안위를 걱정하느라 따뜻하게 지펴진다. 손해 볼까 봐 머리 굴릴 일도 없다. 실타래 같은 이야기의 결론은 이제 안빈낙도安貧樂道하니 더 이상의 욕심은 화를 부를 뿐, 간절히 바라는 한 가지 건강만을 지키자고 다짐한다.

무료한 중년, 활력을 주는 게 무엇일지 그걸 찾아서 즐기자고 약속을 굳게 하건만 헤어지는 게 아쉽다. 어디 산 좋고 물 좋은 터를 잡아서 가까이 살았으면 좋겠다고, 이루지도 못할 희망 사항을 두서없이 뇌까리는 거로 위안 삼는다.

찻값을 서로 지불하려고 실랑이를 벌이다 키가 큰 내가 성큼 카운터로 먼저 당도하여 계산한다. 오늘은 꼭 내가 차 한잔 사주고 싶었다고 아쉬워하던 그녀가, 자기 목을 감싸고 있던 목도리를 내 목에 꼭꼭 둘러 주고 떠난다.

돌아오는 길, 어둠이 깔린 거리를 대낮인 양 질주한다. 푸석거리던 가슴 언저리가 촉촉해진다. 혹한의 겨울 같은 인생사, 난로처럼 따뜻한 동반자가 되어 서로에게 위안이 된다면 살만한 세상이 아니던가.

한기가 도는 거실에 난로를 켜니 훈훈하다. 어찌 이 겨울이 춥다고만 할 수 있으랴.

어느 날의 성산 일출봉

흐트러짐이 없는 모습으로 제자리를 지킨다. 거대 덩어리를 바람도 휘돌아 가고 구름도 툭 걸터앉았다. 단단한 틀을 파도도 뚫지 못하고 부딪쳐 튕겨 나간다. 그저 말없이 넉넉하게 받아들이고 있다.

오늘은 광치기 해변에서 바라본다. 일출봉은 어디에서 바라보든지 장관이지만 광치기 해변에서 바라보는 게 최고라고 한다. 해변은 이미 즐기는 관광객들의 제스처가 풍경이 된다. 덩달아 마음도 그들과 합류되어 흔들리고 있다. 아! 미진한 가슴이 이 정경을 고스란히 담아내기엔 벅찬 순간이다. 고작 핸드폰을 들고 존엄한 존재를 찍어 낸다는 게 죄송스럽다. 하늘이 거울이라면 억만년을 버틴 저 아성을 당당히 비쳐낼 수 있으련만.

40대쯤의 여자가 핸드폰을 건네면서 일출봉을 배경으로 사진 한 장 찍어 달라고 부탁한다. 자폐증인 듯 멍하니 무표정인 남자가 일출봉을 등지고 서 있다. 동생이라고 한다. 장애를 짊어지고 사는 동생의 결핍을 채워주고 싶은 마음이 오죽하였을까. 한 번만이라도 이 정경을 보여주고 싶어 얼마나 절절했는지 장황한 설명이 끝도 없다. 꼭 잡은 손으로 전해진 혈육의 정이 뜨거워 얼굴에 홍조가 피었다.

일출봉은 고독하고 아픈 이들의 삶의 배경이 되기도 한다. 부식되어가는 영혼에 일출봉의 기운은 녹슮을 방지하는 방부제 역할을 할는지도 모른다.

휘 둘러보다 앞에 펼쳐진 장면에 눈길이 정지된다. 유모차를 해변에 세워두고 아기를 안고 서 있는 부부의 망중한. 치열하게 달려온 일상을 정지시키고 저들은 무엇을 엮어내고 있을까. 아마도 그동안의 매듭은 다 풀고 갈지도 모른다. 서로 어깨를 비비며 사진을 찍는 모습들이 사랑만이 화두인 듯, 이 순간만은 아낌없이 다 내어 주려는 마음 같다. 더 친밀해진 저들의 여운이 나에게도 번져와 설렌다. 일출봉에 와서 새긴 마음자리 부디 변치 말라고 강요해도 죄가 되지 않으리.

조랑말을 탄 사람들이 일출봉에 맞닿을 듯 머리카락 바람결에 나부끼지만, 저 높은 그곳에 마음만 닿고 있을 터이다. 말의 긴 다리가 저벅거릴 때마다 휘어진 허리를 꼿꼿이 펴며 신산한 삶을 훌훌 털어 버리고 있다.

단단한 암벽에 부딪히고 튕기어 나가기를 반복하는 파도의 몸부림으로 일출봉은 울퉁불퉁 흉터가 생겼지만, 득도한 구도자처럼 침묵이다. 파도를 내치지 않고 순응해 주는 일출봉에서 어머니가 떠오른다. 나도 그랬다. 어머니만 붙들고 퍼부어 댄 적이 얼마나 많았는가. 어머니가 세상에서 가장 만만한 존재였기에, 생채기가 생겨 더 아픈 줄도 모르고 나만 아프다고 아우성을 쳤다. 어머니의 심장은 그걸 삭혀 내느라 다 쪼그라들었을 것이다. 그땐 철이 없어서 막무가내로 그랬다고 합리화를 시키지만, 후회한들 돌이킬 수도 없는 일이다.

일출봉은 역마살 낀 바람의 방황을 모르는 척 온몸으로 맞고 있다. 그 부르짖음을 평정을 얻을 때까지 미련하달 만큼 기다리고만 있다. 어머니도 내 방황을 안쓰럽게 지켜보는 동안 수만 가지 생각이 교차했을 것이다. 기다리다 곪아 터진 마음이 고통이었을 텐데, 애타게 기다리는 줄 알았기에 서둘러 돌아가기도 하였거늘. 어머니는 그때마다 안도하는 마음 담아 지그시 눈길만 주셨다.

가슴에 꽁꽁 담아두어서일까. 심장병으로 절체절명의 위기를 겨우 넘긴 적도 있었다. 차라리 꽉 담은 입술 떼어 묻고 싶은 말씀이라도 하셨으면 덜 버거웠을 것이다. 내 속내를 풀어헤쳐 어머니가 듣고 싶은 말 선뜻 해드리지 못한 죄 어찌 다 속죄하랴. '자식 겉을 낳지 속을 낳으랴.' 했던 말씀 가슴에 사무친다. 지금 돌이켜 보건대 효도라는 명분으로 무엇을 해드렸는지 자문자답한다. 내 마음 편한 대로 해드린 건 아니었을까. 그때마다 어머니는 그저 괜찮다고 웃음으로만 화답하셨는데, 지금도 빙그레 웃는 모습이 사진처럼 찍혀서 떠오른다. 딸의 마음을 편안하게 해 주려는 웃음 뒤에, 그 속내를 읽어내지 못했으니 생각하지 않으려 두 눈을 질끈 감아버린다.

일출봉으로 밀려오는 파도가 나의 통곡 소리처럼 쏴 쏴 울부짖는다. 광치기 해변이 서서히 비어 간다. 익숙한 적막감에 휩싸인 일출봉은 잠시 숨을 고르며 짧은 휴지기를 보내고 다시 사람들을 맞이할 것이다.

탯줄이 이어지듯 일출봉은 영원히 그 자리에 머물러 또 다른 세계를 열 것이고, 나는 다시 일출봉을 찾아올 것이다. 마치 어머니를 뵙듯이.

길에서 구원을

계속되는 나날, 터닝 포인트가 필요하다. 무엇을 하면 좋을까. 무작정 올레길을 걸어 보기로 한다. 누구를 의식하여 꾸미지 않아도, 이게 나의 본모습이니 홀가분하게 걷는다. 하늘과 바다는 경계를 허물고 싶었는지 맞닿은 자국이 희부옇다. 저 광대무변은 작은 가슴팍 하나도 간수 못 하는 미물인 나를 거들어 주는가, 가슴이 탁 트인다.

파도가 바위에 부딪친다. 허공으로 치솟을 땐 응어리가 부서지는 듯 후련하다. 파도는 온갖 말을 하여 시름을 덜어내는데 나는 많은 말들을 가슴에 담아 두어 묵직하다. 변명도 하지 않고 마음을 닫아 버린 일들, 진정성 없이 눈 가리고 아웅하는 관계 속에서 그냥 함구해 버린 일들이 있었다. 걸으면서 상처를 훌훌 털어버리려 하지만 마음은 가벼워지지 않는다. 기억을 더듬으며 기분 좋은 일과 머릿속에서 버무려 낸다. 중화시켜서 묵인할 건 과감히 묻어버리기로 한다.

바람에 꺾이지 않으려 땅에 납작 엎드려 핀 쑥부쟁이의 지혜도 만난다. 파르르 떨며 바람을 견디는 강인함에 햇살이 더 따사롭게 힘을 보태준다. 노란 해국이 가시덤불에 둘러싸여 피어 있다. 오가는 행인들의 발길에 행여 짓밟힐까 봐 가시덤불이 보호자가 되어준다. 얼마나 애잔한가. 나 누구에게 따뜻한 마음 한 자락 건네준 적 있는가.

커플 티를 입은 젊은 연인들의 웃음소리가 뒤처져 느리게 걷는 발걸음을 가볍게 한다. 사진을 찍는 그들은 햇살 한 줄기 들어갈 틈 없이 밀착된다. 힐끔 눈길이 닿았는데 눈이 부시다. 누가 뭐래도 젊음은 좋은 것이네.

얼마 전 심심풀이로 핸드폰 셀카를 찍었다. 사진을 확인하는 순간, 못 볼 것을 본 것처럼 얼른 삭제 키를 누른다. 그 후로 사진 찍기가 싫어졌다. 디지털 세상이 좋은 것만은 아니다. 축 처지고 있는 뺨을 손으로 슬쩍 올려 보는데, 늙는 게 두렵다. 나도 화려한 시절은 있었는데, 다독이려 하지만 쓸쓸한 일이다.

파란색 화살표가 갈 길을 지시한다. 낯선 길이지만 어디로 가야 할지 가늠하게 해주어 헤매지 않고 방향을 잡는다. 때로는 나무에 메어 놓은 끈을 보며 낯선 길을 추스르고, 주황색 화살표에 이끌려 되돌아가는 길이 불안하지 않다.

지난날 목표 지점은 아득한데 안간힘을 쓰며 끌어당겨 보지만 역부족이었다. 낮추지도 못하고 무지하게 달려들었건만 결국 이룰 수 없어 울음으로 푼 추억이 있다. 그 울음이 적시는 가슴으로 수위를 조절하니 포기가 쉬워진다. 그 시절 누군가 올레길 표식처럼 나를 인도해 주었으면 먼 길을 돌아오지 않았을 텐데.

곧은길을 벗어나 계단을 따라 내려가 본다. 바위들이 기이한 형상을 보여 주고 있다. 깎여지고 다듬어진 인고의 세월, 저 절대 고독 앞에 나는 아직 살 만하지 않는가. 한 발짝만 내디디면 낭떠러지다. 저 장관을 안전하게 볼 수 있도록 다행히 철책으로 빙 휘감아 놓았다. 파도의 탄식이 머물러 협곡을 이루는 지점이 보인다. 소용돌이는 온데간데없고, 초록빛 물의 깊은 속을 가늠하기엔 나는 얄팍하기만 하다. 아득한 벼랑 끝에 서서 후들거린 시절도 있었다. 저 철책처럼 나를 둘러싼 신의 구원이 있지 않았는가. 신의 자비로 잘 살아낼 수 있었으니 감사한 일이다.

버겁지 않은 길을 가뿐하게 걸었다. 해냈다는 뿌듯함으로 또 다른 계획을 구상한다. 어느새 땅거미가 내려앉아 어스름께다. 식욕이 당긴다. 오늘 같은 날은 귀빈처럼 나를 우대해 주련다. 혼밥이라는 단어가 생길 정도로 홀로 사는 사람들이 즐길 거리가 많은 세상이 되었다. 과대 포장은 싫지만 때로는 격식을 차리고 싶다.

어디선가 본 듯한 인상 좋은 주인이 웃음으로 맞이한다. 미소로 화답하며 주문을 넣곤 주위를 둘러본다. 오랜만에 만나는 사람 사는 세상이다. 가끔은 이렇게라도 사람들을 만나면 직접적으로 대면하지 않지만, 외양으로 그들 관계를 짐작하며 주섬주섬 들려오는 이야기에 심심치 않다. 더불어 사는 것이 행복한 사람살이니 우리라는 단어가 얼마나 따뜻한가.

오직 나만을 위한 정찬 앞에 벌써 내 영혼이 평정이다.

매봉은 그 자리에

지척에 매봉이 있다. 서귀포시 표선에서 세화 경계에 걸쳐져 있는 오름이다. 봉우리가 매의 머리를 닮았다 하여 매오름이라고도 불린다. 매가 날개를 펼치고 날아오를 태세다. 만만하게 드나들며 걷고 내려올 수 있는 건 봉우리가 높지 않아서이다.

다져진 길은 수많은 사람의 흔적이다. 걷는데 방해되는 덤불도 정리되어 계속 전진한다. 길 안쪽으로 벌초를 마친 단장된 무덤이 보려고 하지 않아도 드러난다. 산담 가까이 다가가 눈을 맞춘다. 주검이 묻힌 무덤이 섬뜩하여 애써 외면하곤 했었는데,

이순을 넘어서니 죽음도 삶의 일부분이라고 받아들이는 게 자연스럽다.

산담 한 울타리에 두 무덤이 있어 아늑한 기운이다. 필시 부부 무덤일 테다. 두 무덤이 경계도 없이 생전의 모습일지 다정하다. 죽어서도 한 이불에서 잠을 이루니 천생연분은 영원히 갈라놓지 못하는가. 망자들이 쌓은 덕이 많은지 죽어서도 복을 받는다.

명이 다하여 죽는다는 건 명확한 삶의 결과다. 죽어도 여한이 없다는 말은 자신만을 위해 잘살았다는 말인가. 덕을 베푸는 데 원없는 삶을 살 수 있다면 천국 문을 수월하게 통과할지, 죽음 너머를 생각한다. 죽음을 잘 준비하자고 다잡고 있으니 이만큼 나이가 들었다. 우선 떠오르는 건 가족이다. 가까이 있는 가족에게도 그들 원대로 비위도 맞춰주고 살갑게 다가가는 일도 쉽지 않다. 남들에게는 예의를 갖춰서 빈말이라도 하면서. 오늘따라 더 마음이 애틋해진다.

오늘은 색다르게 둘레 길을 걸어볼 참이다. 가보지 못한 길에 궁금증이 호기심 많은 아이처럼 기웃거리게도 되지만, 낯선 길이 두려워 혼자 선뜻 나서지 못했다.

둘레 길은 생각했던 것보다 긴 길이다. 이쯤에서 끝나면 좋겠는데 길은 계속된다. 인적이 드물어 혹시 나를 해칠 누군가라도 만나면 어쩌지, 쫓기듯 걷는다. 풀포기에서 삶에 간절함을 느끼고, 야생화의 미를 찬미하는 게 소중한 시간을 즐기는 것일 텐데 오직 걷는 보폭을 부지런히 움직인다.

이 길로 들어서지 말 걸 잠깐 후회가 된다. 돌아가면 아니 온 것만 못하다 했으니 아쉬운 일은 없어야 한다. 이제는 오르막이다. 내딛는 다리에 힘으로는 모자라 용을 쓰며 나뭇가지를 잡아당긴다. 주저 없이 손 내밀어 주는 나무가 은인이다. 숲에 생식하는 것들은 어느 자리에 있어도 제 몫을 다한다.

한 세상 서늘하게 살았다면 떠나는 그 날만이라도 봄날이었으면 덜 슬펐을 것이다. 눈이 첩첩이 쌓인 겨울의 절정, 어머니가 떠나셨다. 독신인 나는 오도카니 혼자 감당하기엔 버거워 억누르고 있었다. 그날 병원 영안실로 달려와 준 친구와 그녀의 남편이 속울음을 삼키던 가슴에 따스하게 불을 지펴주었다. 그들은 영원한 나의 은인이다. 사는 동안 고비 고비마다 은인들이 없었다면 그 철의 장막을 어떻게 걷을 수 있었을까. 그들처럼 오늘은 나무가 도와준다.

두 갈래 길에 서면 마음도 두 쪽이 난다. 걸었던 길이 아니어서 어떤 길인지, 평탄한지, 험난한지 오리무중이다. 오르막이 아닌 평지로 들어서면 수월할 거 같은 촉을 믿어 본다. 가도 가도 끝이 보이지 않는다. 이러다 빙빙 돌기만 하면서 끝자락을 찾지 못하는 건 아닌지 덜컥 두려움의 기별이 온다.

산다는 건, 기로에 서는 날의 연속이다. 막힌 길을 만나 뚫고 나가는 게 만만치 않았다. 수월한 길을 포기하고 욕심이 없어졌을 땐 능력이 모자라서 버둥거렸다. 장애물이 나타나 급정거를 하고 쉬어주어야 할 때도 있었다. 때로는 가는 길이 뚫려 수월하게 달리기도 하지 않았는가. 이제는 노선을 바꾸는 건 무모한 일이기에 쉬엄쉬엄 직진할 뿐이다.

바람이 길을 튼다. 바람 방향으로 익숙한 정경이 펼쳐진다. 드디어 봉우리다. 낯선 길에 주눅 든 온몸이 스르르 풀린다. 둘레길을 혼자서 돌고 무사히 도착했으니 이제 안도한다. 봉우리에 발을 디딘다. 변함없이 매봉이 이 자리에 있어 언제라도 올 수 있다. 금방이라도 승천할 거 같은 매의 용맹에 가뭇없는 삶을 얹어 본다. 시나브로 이울던 삶이 꿈틀댄다.

매봉은 어떤 풍상도 다 받아들이고 견디어내어, 덕을 베푸는 어른처럼 넉넉하다. 생을 극복할 수 있는 가능성을 봉우리에서 얻고 간다. 내일도 또 오를 것이다. 정상에서 보이는 하늘과 바다의 합일처럼 마음은 평화에 가 닿는다.

감사하다

나와 다른 삶을 접한다. 여태껏 내가 느끼고 알고 있는 세상은 좁고 미약했다는 걸 깨우친다. 글쓴이의 고해苦海 같은 인생사에 무덤덤하던 마음도 글 따라 나부낀다. 육십쯤에 명을 달리한 친구를 추억하는 글 언저리에서는 내 나이가 아닌가. 아직 내가 건강하게 살아가고 있음에 감사하다. 내 부족한 표현보다 진정성으로 깊이 있는 문장 한 줄에 감탄할 수 있어 감사하다.

이쯤에서 책을 덮고 밥을 먹으려 한다. 배가 고프다고 생각이 이끄는데 눈과 마음은 읽는 행위를 멈추게 하지 않는다. 이 한

장만 읽고, 또 넘기고 이 한 장만 읽고…. 본능적인 욕구마저도 잠시 보류하게 하는, 빨려 들어가는 책이 감사하다.

여독에 찌든 몸으로 돌아와 넘버를 눌렀을 때 "띵똥" 소리 울리며 열려 주는 집이 있어서 감사하다. 여행 가방 밀어 놓고 길게 누울 수 있는 소파, 헐렁한 티셔츠에 고무줄 느즈러진 바지, 긴 머리 돌돌 말아 위로 올리고, 민낯으로 마시는 커피의 향기.

대단한 것이 있어서 나를 버티게 하고 견디게 하는 게 아니다. 이 여유로운 것들이 나를 존재하게 한다.

내일 아침은 알람 소리 없어도 되는 일정이다. 늦잠을 자도 되니 올무에 걸렸던 새처럼 훨훨 날아갈 듯하다. 잘 익은 김치 주욱 찢어서 한입에 물 말아 먹는 집밥이, 느끼하던 이국의 음식을 한 방에 날려 준다. 풍광 좋은 곳을 돌아다니는 것도 잠시 잠깐이면 좋을 일이다. 결국, 돌아와 쉴 수 있는 집이 있어서 떠날 수 있다. 어느 고관대작이 부럽지 않은 내 집에서의 소소한 행복이 감사하다.

입력된 번호 톡 누르니 울리기도 전에 얼른 받는 가족들, 며칠 무소식이면 전화 걸려와 목소리나 들으려고…. 코로나 19

확진자 방문 노선이 표선 인근이니 집에만 꼭 있어 달라고 당부하는 조카의 간곡한 부탁. 맛있는 음식 만들었으니 갖다 먹으라는 언니, 어느 날은 아픈 데는 없냐고, 기도하고 있다고 든든한 지원을 해주는 가족들이다. 이 세상의 진정한 내 편이다. 피붙이의 애틋함에 울컥하여 목이 멘다. 더 아껴주며 살았으면 좋았을 걸. 지금도 늦지 않았으니 후회할 일은 하지 말지어다.

그 누구도 소중하지 않은 이가 없다. 내 입장만 고수해 온 이기적인 일들이 줄줄이 떠오른다. 상대의 입장은 안중에도 없고 어찌 내가 살 궁리만 하였을지, 지난 일들을 돌이키는 게 부끄럽다. 평생 보속해야 할 일은 만나는 이들에게 마음만이라도 따뜻해야 한다는 걸 염두에 둔다. 추운 날 꽁꽁 언 내 손을 자기 뺨에 비벼주던 친구가 문득, 떠오르면 시린 가슴이 따뜻했는걸.

"우린 늙어가는 것이 아니라 조금씩 익어가는 겁니다." 어느 가수의 노래 가사가 마음에 머문다. 이제 허술한 내면이 지혜로 다져져, 말하지 않아도 누구의 마음 헤아려 아픈 데를 싸매주고, 가진 거 적어도 움켜쥐지 않고 손 펼 수 있기를.

흔들리며 살던 인생 익어갈 수 있다면, 남은 생 따뜻하게 어우러져 살 수 있다면 감사한 일이 아닌가.

송영미 수필집

바흐를 품고

인쇄 2020년 11월 25일
발행 2020년 11월 30일

지은이 송영미
발행인 서정환
펴낸곳 수필과비평사
주소 서울시 종로구 삼일대로 32길 36(익선동 30-6 운현신화타워 빌딩) 305호
전화 (02) 3675-3885, (063) 275-4000 · 0484
팩스 (063) 274-3131
이메일 sina321@hanmail.netessay321@hanmail.net
출판등록 제300-2013-133호
인쇄 · 제본 신아출판사

ISBN 979-11-5933-302-6 03800
값 13,000원

「이 도서의 국립중앙도서관 출판예정도서목록(CIP)은 서지정보유통지원시스템 홈페이지(http://seoji.nl.go.kr)와 국가자료공동목록시스템(http://www.nl.go.kr/kolisnet)에서 이용하실 수 있습니다.(CIP제어번호: CIP2020050070)」

Printed in KOREA

* 이 책은 2020년 Jeju 제주특별자치도 Jeju Special Self-Governing Province JFAC 제주문화예술재단 Jeju Foundation for Arts & Culture 의 문예진흥기금을 지원받아 발간했습니다.